教师情感研究书系
第二辑

# 扎根沃土

## 乡村教师的教育情感叙事 下册

主 编 田国秀
副主编 康晓伟

北京出版集团
北京出版社

**图书在版编目（CIP）数据**

扎根沃土：乡村教师的教育情感叙事．下册 / 田国秀主编；康晓伟副主编．— 北京：北京出版社，2024.5

（教师情感研究书系．第二辑）

ISBN 978-7-200-18642-0

Ⅰ．①扎… Ⅱ．①田… ②康… Ⅲ．①农村学校—教育工作 Ⅳ．①G725

中国国家版本馆 CIP 数据核字(2024)第 063237 号

教师情感研究书系 第二辑

**扎根沃土**

乡村教师的教育情感叙事 下册

ZHAGEN WOTU

主　编　田国秀

副主编　康晓伟

*

北京出版集团
北京出版社　出版

（北京北三环中路 6 号）

邮政编码：100120

网　址：www.bph.com.cn

北京出版集团总发行

新华书店经销

北京虎彩文化传播有限公司印刷

*

787 毫米×1092 毫米　16 开本　11.75 印张　163 千字

2024 年 5 月第 1 版　2024 年 5 月第 1 次印刷

ISBN 978-7-200-18642-0

定价：68.00 元

如有印装质量问题，由本社负责调换

质量监督电话：010-58572393

# 编委会

主　　编：田国秀

副 主 编：康晓伟

编　　委（按姓氏拼音排序）：

贺文洁　李梦奇　李明玉　刘　芳　刘忠晖

马晓辉　孟青泉　汪　明　汪甜甜　辛计伏

杨启华　张晓龙　朱小爽　祝　刚

# 目录


## 下册

为了心中的那片海—1　理论点评·18　学生点评·19

我的教育追梦之旅—23　理论点评·33　学生点评·34

我与母校共成长—37　理论点评·51　学生点评·53

乡情中的教育—57　理论点评·69　学生点评·70

乡情中践行教育—75　理论点评·83　学生点评·84

心随我动　“辛”然幸福—87　理论点评·99　学生点评·100

扎根沃土　心向阳光—105　理论点评·115　学生点评·117

找到适合自己的沃土—121　理论点评·139　学生点评·141

“倔强”地成长—145　理论点评·158　学生点评·160

切切为师梦　拳拳守师心—163　理论点评·176　学生点评·177

# 下册

# 为了心中的那片海

北京市延庆区第三小学
于淼

## 一、世外桃源般的家乡

一条大河从村前流过，河两边盛开着成片的金黄的小野花，在夏日的清晨，小小的花瓣上滚动着透明的露珠，在朝阳的照射下折射出七彩的光芒，让人仿佛置身于奇幻的世界！这世外桃源般的美丽乡村，就是生我养我的家乡——珍珠泉村。

## 二、童话般的童年生活

学龄前的我，几乎就是跟着爷爷、奶奶在园子里、地里玩耍。甜秆、大青皮萝卜是解渴的水果；地里的红薯、大蒜挖出来用火烧一烧就是充饥的干粮。虽然生活条件不是很好，但有爷爷、奶奶的疼爱，还有一群整天黏在一起的小伙伴，童年在我的记忆中是甜蜜的。

上学后，我学习认真，成绩优异，老师和同学都很喜欢我。无忧无虑童话般美好的小学六年很快就过去了。

## 三、成长迅速的初中生活

**美好的青春**

1989年，我的初中生涯开始了。上了初中的我，学习依然是班里的排头兵，第一批入团，当班长，光荣地成为升旗手。每天在太阳升起的时候到校园里升国旗，身后都是同学羡慕的眼神，那一刻我无比自豪。

虽然那时的我留着短发，跟个男孩子一样，但因为学习好，性格好，不仅女孩儿，男孩子也乐意与我交往，一道证明不出的几何题，一个难翻译的英语句子，常常是他们接近我的借口。当然，偶尔也会收到男孩子翻山越岭，从山上摘下的映山红，从果园里偷偷摘下的酸杏蛋儿，晚自习停电时课桌上神奇出现的一截蜡烛。可能这是他们对我为他们答疑解惑的回报吧！我们互相帮助，互相学习，我懵懂的青春年华也过得如此美好。

**成长的青春**

在我快上初三的时候，这所有的美好戛然而止。疼爱我的奶奶因心脏病复发入院治疗，爷爷需要照顾奶奶，家里没人管我，我只好暂住在姑姑家里。

我本以为这一切都是短暂的，总有奶奶痊愈出院的那一天，然而两个月之后，却等来了奶奶医治无效的消息。没过几天，奶奶就去世了。

从此，我和爷爷相依为命。我更加努力地学习，迎接即将到来的中考。因为爷爷告诉我，山里的孩子只有好好学习才能走出大山，才能过上更好的生活。时间就像海绵里的水，只要挤就会有。为了心中的那片海，我更加勤奋地学习。每天清晨，我会早早起来，沿着村前的小路，漫步到那片清亮的小河边，在那成片的小野花旁边，来回地踱着步子，或背古诗文，或背英语单词。当太阳从山那边完全转过来，照在那片小野花上时，也该是我返回吃早饭的时间了。于是，我会摘一把新鲜的小花，心满意足地带回家，插进玻璃瓶里。玻璃瓶里的小花陪伴我度过了中考前那段奋斗的时光。

填报志愿时，姑姑说我成绩那么好，可以考高中，说不定将来还能上大学，但我的第一志愿还是填报了延庆师范学校。中考结束后，同学们都忐忑不安，等待成绩的那段日子，我却在心里想着另外的事情：我走了，就剩爷爷一个人了。那段时间，我常常陪爷爷在院子里聊天，在炕上看电视。

很快，公布中考成绩的日子到了。那天，正坐在胡同里玩耍的我，听到村里大喇叭传来播音员激动的声音："村民们，好消息！这次中考，我们村中学有5名同学考上了延庆师范学校，他们是……于淼。请以上学生的家长到村大队部拿录取通知书。"记不清是不是自己取回的通知书，也记不清当时的情景，唯一记得的是家里的亲戚、周围的邻居在见到我时，嘴里满是赞美的话，他们会兴奋地跟我说："这多好，考出去，毕业就是人民教师！"他们也会当着其他小孩儿的面说："于淼姐姐就是你们的榜样，你们别整天就知道玩，要跟于淼姐姐学习，以后也考上师范，当人民教师，多光荣！"当然，我的一颗悬着的心，也落下了，但我对爷爷的不舍总会涌上心头，考上师范的喜悦和对爷爷的依恋交织出一种复杂的情绪，一直延续到了开学。

## 四、一晃而过的师范生活

**我不愿意喊"班长"**

延庆师范学校在百里之外的县城，通往珍珠泉村的公交车定点定时，每天只有那么几趟，于是我们很多山里的孩子都要住宿，只有周末才可以回家。因为晕车，我并不是每周末都回家，只有放小长假和寒暑假时才回去看爷爷，平时就住在学校。因为从小在山里长大，县城的生活，县城的学校，还有来自全县四面八方的同学，这一切带给我的都是新鲜，我忽然理解了爷爷所说的“更好的生活”是什么，很快就适应并喜欢上了这里，心情逐渐放松下来，我的师范生活按部就班地开始了。

随着大家慢慢熟悉，新的班集体开始组建班委会，大家可以毛遂自荐竞选班长。虽然从小到大一直担任班长，但这次我却没有胆量参加竞选。我们班的一名男生成功竞选上了班长，而我则被班主任任命为宣传委员。说实话，我对班长这个人并不反感，但却很反感称呼他班长，因为那是以前别人对我的称呼，心里多少有些失落。但这只是短暂的，很快我就忘记了这些，“班长、班长”地喊了起来，因为在随后的相处中，我从班长身上看到了我所不具备的魄力、果敢，打心眼儿里佩服他，认为他当之无愧。

**我的“诗人梦”**

在师范学习生活的三年中，最值得一提的是一位姓高的文选课老师。他个子不高，其貌不扬，但他的文选课深深地吸引了我。他带我们到妫河边找春天，教我们写诗、写小说，还把我们的作品装订成册，让我们感觉仿佛自己就是诗人似的。我曾经写过一首名为《月光依旧》的诗来怀念我的奶奶，这首诗得到了高老师的表扬，从此，我心中便埋下了文学的种子。于是，我开始梦想自己成为作家。上晚自习时我和好友一起大声朗诵汪国真的诗歌，好像自己真的成了诗人，好像找到了心中的那片海。从那时起，曾经是小学、中学数学学霸的我，突然画风一转，做起了诗人梦，在似梦似幻的诗人梦中，三年的师范生活很快就结束了。

## 五、参加工作的前十年

**接地气的校长**

毕业后，我和另外三位同学一起被分配到了延庆县大柏老中心小学。我清晰地记得，当时有两个中年男人驾着一辆蓝色的“130”汽车来接我们几个新分配的学生。上车以后，我发现坐在副驾驶位置上的人是一个个矮、头大、面黑的中年男人，特别像是在外面卖西瓜的，我当时还以为他是学校的后勤人员。等我们到学校，中午学校为我们接风时，我才知道原来他是我们的周校长。

“人不可貌相，海水不可斗量”，这句话用在周校长身上再恰当不过了。因为周校长有才、有德，把学校管理得井然有序，学校里的每一位老师都很敬重他。我也特别喜欢周校长，那是因为他曾像长者般教导过我，如父亲般关心过我，让我感受到无尽的温暖。

**我的“处女校”**

毕业后我被分配到了大柏老中心小学的分校——常家营小学，离延庆县城大概20多里地，我只有周末时才骑着自行车回到县城的父母家里住上一两个晚上，周日下午再骑车返校。

常家营小学规模很小，只有6个班，每个年级一个班，加上校长共6个老师，只有一间办公室，中午休息只能趴在办公桌上眯一会儿。那里没有公交车，除了运气好的时候能赶上搭顺风车，平时只能骑自行车上班。夏天雨水勤的时候，有时候周一赶去上班，经常会被横在马路中间的一条“河”拦住去路。过往的村民知道我是村里的小学老师，就主动用拖拉机把我和我的自行车渡过河去。冬天教室里非常冷，班里还要生个大土炉子，孩子们都穿着厚厚的棉衣。

虽然当时学校的条件很差，但是我干劲儿十足，因为我发现这群乡村的孩子纯朴可爱，每天和他们一起学习、生活非常开心，我忽然意识到，这或许才是我一直在寻找的那片海。我教的是一年级，书写是重头戏，好在我的字写得很好，这对指导孩子们写字很有帮助，我漂亮规范的板书，潜移默化地影响着孩子们，同时也经常得到领导和其他老师的夸奖。这都得益于在师范学习的三年每天坚持练三笔字。师范的校训是“为人师表，一专多能”，所以我们每个师范生都会学习一些与教学相关的技能，如简笔画、弹琴、舞蹈、排球等。这些学习经历让我在这里得到了充分发挥。

**遇到优秀的同伴**

机会来临没有好好把握，那你就会失去更多的机会。区里举办的评优课并不是每年都有，每次的学科也不同，因此能有机会参加评优课并在评优课中取得好成绩，是提高教学水平的好机会。然而，我却没有好好把握住，那么随之而来的就是随后几年里的沉寂。

好在这时，我们的新校园建成，从别的学校调来了好几个老师，其中就包括和我一起教三年级的卢老师，我从她身上学到了什么是严谨治学，学到了怎样教育学生。我们俩一起教三年级，一人一个班，她年长我几岁，教学扎实有效，听她的课，我学会了“引导学生质疑—解疑”；她教育犯错的学生时，从不大声批评，而是先心平气和地让学生反思一下自己有哪些做得不妥的地方，引导其自我教育；她做事稳妥有韧劲，决定假期学会五笔输入法，开学来了就真的打字飞快。我们一起工作的几年，让我感觉能与她一起工作很幸运。

我和卢老师也成了好朋友，我们一起度过了一段快乐的时光。如今回看这段生活，如果在师范学习过程中就能遇到卢老师，或者学校能请一些像卢老师这样优秀的一线教师多给我们做做培训，我想我在从教的道路上一定会少走很多弯路。

**“相亲”“相爱”双丰收**

喜欢做梦的我从来就没有计划用“相亲”这样一种土得掉渣的方式来认识我的另一半。我想象中与他的相识，或许会在一次没带伞的雨中屋檐下，或许会在一次旅行中，但，我的初恋，也是我现在的另一半，偏偏就是相亲的成果。

结婚，随后生子，因为和孩子们相处得好，村民们也很敬重老师，在我生了女儿后，班里的孩子们成群结队地坐车来城里看我。我的小家里洋溢着孩子们的笑声，那是我第一次觉得当老师好幸福！孩子们的心就像水晶一样透明，你付出真心，就会收获爱戴，感受到幸福！我也更加确信，这才是我心中的那片海！

同时，我也感受到来自家长的爱，虽然我只是刚毕业不久的新老师，但在家长们眼里，我就是人民教师，他们对于我对孩子们的教育是无条件地支持，对我是100%地信任和尊重。这些纯朴的家长会把家里新刨的红薯悄悄地送给我，会把刚摘下来的个儿最大的苹果挑出来留给我，会托人把刚做好的奶豆腐捎给我。从他们对老师的这份真情中，我读懂了这小村子里的家长们希望自己的孩子能好好读书的心情，他们觉得孩子到学校里学习他们才放心，孩子的未来要依靠老师，老师们带孩子不容易，一定要对老师好，和孩子们一样好好地爱老师。这份爱和信任让我感动，让我感到自己作为教师责任重大，更激励我要好好教书，不断提高自己的教育教学能力，用心教育好每一个孩子，对得起家长的一片真心。

此时，相亲成功带给我的幸福婚姻，以及家长们对教师的那份诚挚的爱戴，让我沉浸在为人妻、为人母、为人师的幸福之中。

**影响我的两句话**

2000年6月，我休完产假返回学校，重新开启教育教学生活。学校后来又接连换了两位校长，其中一位女校长说过的两句话影响了我很长一段时间，她说："帮助别人，就是帮助自己。""趁年轻，要多学一些东西。"

那时的工作条件还比较差，没有打印机、复印机。孩子做的卷子都是老师用钢针笔在蜡纸上一个字一个字刻出来的。每天下班后吃过晚饭，我就趴在小桌子上刻卷子，尤其是期末，要根据复习时孩子们掌握的情况刻很多卷子，白天上课，晚上刻卷子。用钢针笔在蜡纸上刻字可是个技术活儿，需要在蜡纸下面垫一块钢板，写起字来用劲不能太轻也不能太重，轻了印出的字不清楚，重了蜡纸容易刻坏。蜡纸存放也要注意，不能折，得卷成卷儿放好。刻完还得自己用手动油墨机一张一张地推完，推的劲儿不均匀可能会导致蜡纸打褶，弄不好就会弄一手油墨。所以当时学生用的每一份试卷都来之不易，都是我们用时间、体力换来的。

这期间，为了提升自己的专业水平，成为更好的老师，我利用周末及寒暑假时间完成了小学教育专业的自学考试，并取得了大专学历，为了提升自己，2000年，已经工作了5年的我，勇敢地在本科学历进修时选择了英语专业。现在想来，如果想在一个自己处于弱势的领域中站稳脚跟，就要有一腔热忱加上200%的努力。我每周都会有两个晚上去上培训课程，周末再上一天。除了看孩子，其他时间我都在学英语，历经3年多的时间终于取得了毕业证书。

在这3年多的学习中，我第一次体验到了“落后生”上课的感觉，只有初中英语水平的我要和英语专业毕业的英语教师一起上本科的课程，我就是个“落后生”。我没有自信，不敢与老师目光交汇，怕老师叫自己回答问题，甚至产生恐慌感。这种感觉迫使我课下拼命用功，提前预习老师要教授的课文，把不认识的单词全部查好写在书上，跟着录音带朗读课文，练习听力。这段刻骨铭心的学习经历，不仅让我提高了克服困难的能力，更让我亲身体验了“落后生”在课上学习的感受，使我日后在自己的教学中对“落后生”更多了一些温柔和耐心。

后来，有机会报考中学教师资格证，校长又鼓励我们报考，当时虽然我已取得了本科英语专业的证书，但跟那些专业的英语老师比起来，我还是没有足够的自信。因此，我选择报考了语文专业的中学教师资格证，并且考过了。2003年，全县要评选第一届骨干教师，我认真准备，积极参评。第一关是理论考试，有厚厚的一摞理论基础资料要背。带着学生跑操时，上班、下班的路上，晚上孩子睡着后，我利用一切能利用的时间反复背诵、理解。在第一轮理论考试通过后，我又进行了答辩。经过两个月的辛勤付出，过五关斩六将，我成了延庆区第一批小学语文骨干教师，取得了县级骨干教师证书。

## 六、翻开工作的新篇章

### 调入延庆三小

2005年6月，我被调回到了县城小学，也就是现在我所在的延庆三小。在延庆三小，我翻开了教育生涯的另一华美篇章，我离心中的那片海越来越近。1995年7月至2005年7月，是我在大柏老中心小学工作的10年，这10年里，我熟悉掌握教育教学常规，练就了教书育人的基本本领，而延庆三小培养我成为一名优秀的教师。

延庆三小是一个团结的集体，就像它的名字（原名叫“团结小学”）一样，领导带领教师扎实钻研业务，踏实搞教育教学。学风纯正，校风朴实。这个学校有一个很好的传统——师徒结对。为了帮助新分配的老师，或者是我这样刚调来的老师快速适应新工作环境，学校会给我们配一位师父，时时刻刻对我们的教育教学给予指导。

**遇见我的好师父**

吴爱娟老师是我的第一位师父，也是对我影响很大的一个人。我刚来延庆三小就接任四年级两个班的语文课，并担任一个班的班主任，每班40多人，工作量很大。与常家营小学相比，县城学校的工作多而杂，我感觉自己要快速提高自己，才能更好地胜任这份新工作。延庆三小的老师每个学期要上几次展示课，如家长开放日、骨干教师展示课、青年教师赛课、推门听课等，但我以前根本没怎么上过展示课，还真有点儿心虚，好在有师父帮助，有什么不懂就问师父。我师父是一位严厉的实干家，有很多的方法，只要你肯学她就会教你，加上我这个人很怕在展示课上丢人，平时就对自己的课堂教学很严格。我觉得自己的语言过于平淡，晚上就对着镜子练语言；教学设计没新意，就利用休息时间反复观看名师光盘做笔记；每次师父听完课提出的改进意见，我都认真记录，下次上课一定改掉；有学校领导听课，我一定会主动找领导说课，记下自己的优缺点。我之所以这样努力，一方面是怕自己丢人，更重要的是怕自己辜负了教师的使命，想尽快成为一名更优秀的教师。

**初来乍到获鼓励**

调入延庆三小的第二学期，我再次迎来了延庆区小学语文四年级课堂评优活动，规定讲《长城》一课。学校让三位四年级语文教师都参赛，学校在初评的基础上推选获胜的教师到区里参赛。让我没想到的是我初评获胜，被推荐参加区评优，当时办公室的于老师告诉我：“抓住机会好好准备，实力就是尊严。”我精心准备，反复试讲，在同事和领导的帮助下，如愿获得一等奖。这对初来乍到的我来说是莫大的鼓励和肯定，让我对自己更加有信心了。

随后两年，我跟班到了五、六年级，因为我这个人本身就喜欢孩子，也喜欢教书，所以很多烦琐的工作在我眼里都是快乐的。我跟孩子们相处融洽，孩子们也很喜欢我。我所带的毕业班的毕业考试教学成绩经常是全县第一，差了也不出前三名。2008年，我评上了“小学高级教师”职称，也就是现在的一级。所以我就被留在了高年级，“五六、五六”，这样小循环了几轮儿，大概是在2013年7月，因工作需要，校长让我负责四年级语文教学工作。

**伯乐培养千里马**

2014年4月24日，在校领导和同事们的大力支持和帮助下，我在全区召开了“触动心灵　培育生命”教学思想研讨会，得到了教委领导及参加活动的各校领导和老师的肯定。忘不了，从寒假开始就着手准备发言稿，准备讲课；忘不了，耿校长一次一次为我改发言稿；忘不了，教研员、校领导和师父一次一次听我试讲；忘不了，教研电教组的姚启贤老师为我的发言制作精美的课件；忘不了，那许多个没有休息的星期天。可以说，当时学校是举全校之力助我的教学思想研讨会成功召开。当然，要特别感谢的是尤校长，如果我这个幸运儿还算得上是一匹千里马的话，那他一定就是我的伯乐。

这次活动的召开，让我对自己的教学思想进行了系统的梳理，我的课堂教学水平也提升了很多，学校还为我出了名为《做幸福教师》的专刊，把我的学习感悟、教学设计、论文等个人的文字，分门别类收入专刊，送给参加研讨会的每一位来宾，这让更多的老师认识我、了解我。更值得庆祝的是，当时的教研员袁红娥老师邀请时任北京小学语文教研室主任的张立军老师参加了活动，张立军老师对我的课给予了充分肯定。在校长的力荐下，张立军老师收我为徒。那一晚，我激动得流下了热泪，四个多月的心血没有白费！

对于热爱教育的我来说，这该是多么幸福的事，当一个人能把爱好和工作合二为一，这又该是多么幸运的事，我享受着这样的幸福和幸运！我距离心中的那片海又近了一步。

站在更高的平台上，我看到自己还存在一些不足和缺陷，于是积极参加各种培训学习，常常是早上4点起床坐公交车去北京城区听课学习，中午赶回来，下午继续上课。真恨不得让时间慢点儿走，让我干更多的事。有时接连两周都要上展示课，我一项接一项地完成，从不拒绝。因为我知道，这些都是锻炼自己的好机会，年轻人要不怕累。同事们都跟我开玩笑说我是全校最忙的，但我知道我是累并快乐着，因为我渴望成长！

2016年5月，学校推荐我参加延庆区名师评选，刚刚上完展示课的我，就要迎接评委进班听课，我只有一个周末的时间准备。好在教研员袁老师向我伸出了援助之手，推荐我看一些讲课视频，使我大受启发，很快完善了教学设计，顺利通过了讲课环节。然后准备发言稿，写稿、改稿，又是一阵忙碌。白天上课处理学校的工作，晚上就加班写稿，没有休息。好在岁月总是对勤奋的人温柔以待，后来我顺利通过评选，成为我们三小第一位区级名师，喜悦在一瞬间化解了所有的疲惫。这一切还得感谢尤校长，可能他知道我这个人容易满足现状，没有远大抱负，必须施加点儿压力我才能往前走吧！

我的另一位“伯乐”，是当时的德育教研员——李冬梅老师，李老师是一位眼里有光，心中有爱，热爱教育的人。她善于发现班主任身上的优点，然后使劲儿表扬。我就是她不断肯定和表扬的受益者。在她的鼓励下，我把我在班主任工作中的心得体会写出来，带到其他兄弟学校与他们分享，从自己零散的班级管理方法中提炼出管理经验，参与北京市紫禁杯优秀班主任特等奖评选，一举成功！在她的鼓励和帮助下，2016年，我又在全区召开了“展现教育情怀，温暖灵动生命”的班主任工作研讨会，当时的德育科科长杜金华亲自参加了研讨会，并与我合影留念，对我的班主任工作给予了充分肯定。这次研讨会的成功召开，促使我梳理了自己班主任工作的经验，总结出班主任工作的理念和特色，对我今后的工作有很大帮助。

现在，李冬梅老师已经退休，接任她工作的辛春华老师也是一位非常有教育情怀的德育教研员，她带领我们一起学习专业知识，交流读书感受，提升自己的教育水平，向着做一个更专业的班主任不断努力。思想决定行动，有什么样的理念就会做出什么样格局的事情。当你读懂了心理学，你对待孩子的问题可能就会容易许多。所以，非常感谢辛老师“逼着”我们做读书交流，让我不得不在烦琐劳累的工作间隙，进行阅读充电，提高理论修养。

**贵人相助，挑战自我**

2017年年初，刚开学不久，在延庆区小学语文教研室袁老师等教研员的推荐下，我成为唯一一位代表延庆区参加北京市第三届语文课堂评优活动的小学语文教师。听到这个消息，我惊喜之余感觉压力很大，因为这是体现全区小学语文课堂教学最高水平的活动，我没有足够的自信，但心里却决定一定要全力以赴。

比赛时间是5月16日，从2月到5月，经历了三个多月的艰辛，设计、试讲、修改、再试讲、再修改，这个过程既漫长又痛苦，好在有可敬可爱的教研员老师，有小学语文教研室赵方红主任及校领导和同事们的大力支持和帮助，我终于顺利完成了这次活动。

说实话，可能是压力过大，没有调整好自己。之前准备了很久的《生命 生命》真是令人大失所望。我这个人做事不是很在乎别人的评价，但特别在乎自己的感受，最重要的是尽自己全力让自己感到满意。这节课，虽然也获得了一等奖，但总之是一节让我很有遗憾的课，这次磨炼更让我看到了自己的不足。

**不断学习，再攀高峰**

曾经一直给予我帮助的原三小的耿翠羽校长曾不止一次地说我过于谦虚，做事底气不足，不够自信。我自己觉得主要原因是我总能看到自己的不足，总觉得自己有很多地方需要提高。当然我也接受了耿校长的意见，开始调整自己说话的语态，努力做到底气十足，最重要的是学习耿校长的勤奋、好学以及善于积累、科学管理时间等能力，不断提高自己对教育教学的认识和能力。经过努力，如今的我，能更从容地谈起自己对教学的独到见解，也得到了耿校长的肯定。在提升自己、战胜自己的这段时间，我觉得应该多走出去看看别人，开阔视野，所以当别人不愿意起早贪黑去市里听课时，我却在争取更多的学习机会。因为我知道，人只有思想开阔了，思维才能开阔，只有想到了，才能做到。井底之蛙永远不会想到天空的辽阔。因此我坚持学习，从不错过任何提升自己的机会。

因为喜欢和孩子们在一起的感觉，喜欢站在讲台上的感觉，这么多年来我一直把“做一个好老师，教育好每一个孩子”作为我的工作理念，一步一个脚印地工作在教育教学的第一线。在学校领导和同事们的帮助下，2018年，我因工作业绩突出，评上了高级职称。因为喜欢，所以热爱；因为热爱，所以幸福。这样一路走来，与所有荣誉只是偶然相遇，但绝不是最终归宿。

**新平台、新压力**

如今的我早已成为别人眼中的师父，每年要带一两个徒弟，听他们讲课，给他们提修改建议。但当我看到我师父张立军的“每日教育箴言”时，我都会对照自己的课堂进行反思，总会发现这样那样的问题。如今，语文教学要培养语文核心素养，要加大古诗文积累，扩大阅读量，双基也不能丢，每天的课时又少得可怜，怎样进行单元整体备课？怎样把语文要素的落实转化为学生的学习活动？这些都是目前让我“烧脑”的问题。真的感觉做语文教师好难好难。面对这些问题，我依然不能做到“底气十足”，我离心中的那片海还有一段距离。

在2021年，我被评为北京市语文骨干教师，但我依然没有因此满足，想要从繁忙的教学工作中抽身出来给自己充电，有时也会心有余而力不足。作为语文教师，我的文化功底不够深厚，业余时间会读书积累背诵古诗文，但真的是边背边忘，也只能用三毛的那句话来安慰自己：“你读过的书，它们会藏在你的气质里、谈吐里和胸襟里，会显露在你的生活和文字中。”因此我依然坚持读书，坚持阅读经典，努力做中国传统文化的传播者，努力提高自己的文化底蕴，努力成为一个更好的老师，努力奔赴心中的那片海！

## 七、崇尚学习的家庭

不断地成长让我快乐，也让我牺牲了很多陪伴孩子和家人的时间。但值得欣慰的是，我的女儿非常独立，可能是我对工作的认真努力，潜移默化地影响了女儿，她对学习也非常认真，把自己的事情安排得妥妥的，小学到中学成绩一直名列前茅，高考顺利考入了北京一所211大学。我们之间的关系也非常和谐，我们就像朋友一样，我爱叫她“雯雯同学”，她也经常称呼我“于同学”，我们经常交流思想，沟通情感，也算是我在思想上引领她吧。我们的家庭也很崇尚知识，对爱学习的人尤其喜欢，所以我整日没完没了地写呀，弄电脑呀，婆婆和老公都没有怨言，反而更加支持我，为我取得的一次次成绩感到骄傲，所以我也非常感谢我的家人。

## 八、教育反思

我会用心地去教育每一个孩子，因为我知道每个孩子都是父母的一切。我哪怕只教孩子一年也要为孩子一生成长考虑，要对他们负责。每教完一个学期，我都会让孩子们用不记名的形式写写我的优点和不足，让孩子们用真实感受来衡量我的工作，然后我再进行反思改进。孩子们的评价和感受非常重要，因为我的课是给孩子们上的，要让孩子们最大限度地受益，让孩子们爱上语文，爱上学习，爱上学校，爱上祖国，爱上这个世界。这份追求，可能就是我总是不断超越自己，努力提高自己的不竭动力吧！

就这样不断地改进，不断地提高，我慢慢成为孩子们喜欢的班主任，我的班主任工作越来越得心应手。不管多调皮难管的学生，我都能让他喜欢我，接受我的教育。因为我知道，教育学生最有效的办法就是“缺啥补啥”。越是调皮捣蛋、能折腾的学生越缺少爱，因为这样的学生小毛病比较多，受到老师的批评也多，所以我管理这样的学生就会反其道而行之——多表扬，多爱他们，挖掘他们身上的闪光点，消除他们一直以来与老师的敌对心理，努力得到他们的喜爱，和他们成为朋友。一旦和他们的关系处理好了，教育的问题也就迎刃而解了。

记得有一年我又接了一个全年级最乱的班级，班里有一位特殊的男孩，上课想干啥就干啥，老师管他他也不听，管得厉害了他就会做出一些过激行为。我观察这个孩子，班里没有同学愿意和他做朋友，同学的疏远和老师的批评让他的眼神中充满敌意。我在课上很关注他，我发现他接受新知识的能力很强，理解能力也不差，有时课上讲一个新知识点，他只要听了就能明白，我就请他回答问题，他答对了我就表扬他。课间跟他聊聊天，了解他的家庭，聊着聊着我就引导他要形成文明的行为方式，这样慢慢地消除了他对我的敌意。后来，学校让各个班级搞“践行核心价值观朗诵比赛”，班级可以有10%的同学不参与。这个男孩以为我根本不会让他参与，排队形的时候，他就在那儿乱动。可他没想到，我把他安排在了第一排，其实主要因为他个子比较小。我对他说：“你站在这里代表的是咱们整个班级，你的一点小动作都会影响班级的成绩，于老师相信你，你是一个心中有集体的孩子。”让这个男孩参与朗诵比赛，不仅是他自己没有想到的，也是全班同学没有想到的。我告诉同学们，在于老师的班级里，不允许有一个人掉队，每个同学都要全力以赴，好好排练，为我们的集体争得荣誉！我对这个男孩的信任，让他感受到了我的善意，他一改往日不羁的样子，认真排练，还自己做了道具，最后我们全班所有同学齐上阵，在比赛中获得了一等奖。在班级中，在与各科老师的沟通中，我都特别表扬了这个男孩。我给予他的关注和爱，也影响着班里的其他孩子，很多孩子主动和他交朋友，他脸上的笑容越来越多，跟我的关系越来越好，我们的班级也越来越和谐。

只要你对孩子们的好，能让孩子们感受到，和家长们的关系就能水到渠成。孩子们回家就说：“我们于老师上课可有趣了。”“于老师今天又表扬我了。”“于老师可喜欢我了。”这些就等于在家长们的心里埋下了善意的种子，再处理学校里发生的意外伤害等问题时，家长们就会积极配合，处理起来就容易多了。我觉得和家长的相处之道，在于彼此尊重，彼此信任，让家长感受到你对孩子的关注和爱，他就会毫无理由地支持你的工作，那么对孩子的教育效果就会事半功倍。工作的得心应手给我带来了成就感和幸福感，让我觉得生命都因为教师这个职业更加有光彩！

我现在已经45岁了，在一线从事班主任和语文教学工作27年。虽然我干了这么久，但依然会感到压力。至今我依然在为了心中的那片海，为了成为一个更好的老师，做着不懈的努力。面对教学的不断改革，部编版新教材的使用，如何提质减负，减轻学生课业负担等不断出现的一系列新问题，我仍在不断学习，不断充电，真是“教到老，学到老”。这份工作压力，没有当过老师的人可能永远体会不到。他们眼中的我们，年年教那点知识，还有寒暑假，是个美差。可能只有做过一线教师的人才能了解我们工作的不易吧！但，没有当过教师的人也永远体会不到一个教师的幸福：当你看到一个一个孩子在你的教导下慢慢进步，慢慢喜欢上语文，爱上语文，变得更加自信，更加阳光，更加热爱祖国，热爱生活，你会感觉自己的工作真的很有意义！那种幸福感和自豪感是无以言表的！为了这份幸福，我想在我退休之前应该还是会一直干同样的工作，让心中的那片海泛起美丽的浪花，留下美好的回忆。

## 理论点评

点评人：李明玉博士

《为了心中的那片海》，这片海贯穿全文，逐渐清晰、具体，越来越与于老师心中的海相近，一位优秀班主任的成长历程慢慢地呈现出来。于老师的故事，语言朴实、内容全面、感情真挚，字里行间流淌着于老师对生活的感恩与热爱，处处充满着正能量。

社会认知理论认为学习经验影响着人的职业兴趣，职业兴趣影响职业目标定位，进而影响人的职业行动，并能够进一步帮助职场人士锁定职业领域及产生成就表现。[1]

学习经验的形成主要取决于个人因素、环境因素两大方面，具体可分为成就事件、替代经验、情绪状态、社会鼓励等四个维度。于老师在故事中多次提及“好心”，实则是一种助人的职业特质的体现，而“孩子王”“学生干部”等童年经历，为她日后成长为人民教师提供了经验。

除此之外，对于老师的职业发展或教师专业发展影响较大的即成就事件和社会鼓励。仔细品读不难发现，故事以一系列于老师职业生涯发展中的“高光时刻”为线索，从评优评奖到职称晋升，每一次都凝结着于老师的努力，也渗透着于老师对教师职业的不懈追寻与奋斗，在每一次深刻的反思沉淀后，于老师的职业发展随之迭代、职业内涵理解进一步丰富，与“心中的那片海”也更为贴近了。

除了自我提升，于老师职业生涯阶段每一次的转变与突破，都与和谐的职业环境氛围、良好的人际协作不可分割，社会鼓励的因素在其中

1　吴雷、汪楷博：《学生组织在促进学风建设中的路径研究——基于班杜拉社会学习理论》，《黑龙江教育（高教研究与评估）》2022年第7期，73—76。

发挥了较为重要的作用。同事的互助、师父的箴言、朋友的举荐、师父的教导、伯乐的点拨，众多的贵人出现在于老师的职业生涯中，都是因为于老师的善良、感恩之心的感召与共振。

职业生涯的不同阶段有着不同的任务和与之对应的人生角色，两者相互作用，交织而成每一个职场人的唯一。于老师的职业理想的实现，与稳定的家庭角色密不可分，更与于老师的职业天赋、职业特质、职业性格和职业能力相辅相成。故事中于老师的一句“缺啥补啥”道出了立足学情、因材施教的底层逻辑，体现了于老师最质朴、最有效的育人智慧，是于老师这位资深优秀班主任职业发展、班级治理中灵验闪光的法宝，爱出者爱返，福往者福来，良好的职业情绪状态，铸就了于老师的职业成就感与职业幸福感。

掩卷深思，成就事件、替代经验、社会鼓励、情绪状态等学习经验，全方位地影响着人的职业效能感与职业期待，于老师在27年的教育生涯中勇于实践、不断超越、虚心求教、乐观温暖，在教师专业发展的道路上越走越坚定，流年笑掷，未来可期。

## 学生点评

点评人：喻莲

《为了心中的那片海》，读到这样的题目，我在思考作者心中的海在哪里，这片海有什么样的魅力。细细品读了这篇文章后，疑问一个个得到解答。

作者从小时候生活的乡村开始讲起，一个叫珍珠泉的小山村美好如童话。上初中后家里情况变化，生活环境变迁，使得作者迅速成长，逐渐明白了一些道理，比如要努力学习才能走出去看看外面的世界。在接下来的师范生活中，作者有了改变自己人生轨迹的机遇——在心中埋下了文学的种子，找到并开始靠近心中的那片海。我想她是幸运的，能够在青涩的年纪找到生命的钥匙。回想我自己的经历，或许在大三之前，甚至是高考之前，我一直在随波逐流地书写自己的人生。无数次当别人问我梦想是什么时，一开始我会思绪混乱，大脑飞速运转，想要从记忆中截取可能有用的、有价值的信息，以此来搪塞别人。到后来，我索性一笑而过，不主动思考或是一味逃避，现在想来是多么愚蠢。所幸，我在大学利用假期积攒了一些社会经验。与作者类似的是，我也遇到了几位对我人生之路转变大有裨益的良师，在与他们的朝夕相处中发现并确定了自己的爱好，最后决定了以后的人生目标，这与作者在师范学习时得到文选课老师的赏识，从而确定自己的文学之路的经历不谋而合。于是，我抓住了最近的一次机遇，考上了教育学研究生，开始全力以赴地朝我心中的那片海前进。

文章中作者用大量篇幅描述了自己如何从一名新手教师成长为一名受学生、家长和同事认同的研究型教师。在这27年的时间里，作者以最饱满的热情，迎接每一次的评课比赛；不错过每一次提升自己的机会，没有机会就创造机会；在和身边每一个人接触时都能收获不同的感悟；对于每一次挑战都会当作成长的历练。当然，作者也遇到过挫折，也有错失机会的时候，但她痛定思痛，在几年的沉寂后能够吸取教训，积蓄能量。这年复一年的坚持与热爱，使得作者不断蜕变、不断成长。这也令我想到了自己的读研生活，虽然仅有短短几个月，但我明显感觉到了自己的变化。通过一次次的课堂设计和打磨，一次次地站上讲台为同是研究生的同学们讲课，我再也不是一开始那个不知如何说课、对写教案略懂一二、在讲台上会手足无措的学生了。作者为了成为一名优秀教师，不负教师使命，能够做到不畏艰难，孤军奋战，即便站在了更高的平台上，仍能看到自己的缺陷与不足，在整个过程中不断鞭策自己，奋发向前。我也要学习这种持之以恒、不辞辛苦的精神，以后成为一名像作者一样优秀的人民教师！作者对孩子无限的温柔与耐心令我感动，对教育无限的忠实与热忱令我钦佩。像作者这样眼里有光、心中有爱的人，人生之河注定会不断汇合涓涓细流，成为滔滔不绝、拥有决堤势头的江河，最后一定能够抵达心中的那片海。

同时，我坚信我们每个人都会找到并拥有心中的那片海，都可以为了那片海而脚踏实地、奋力拼搏、扬帆起航，都可以像作者一样，在未来的教师岗位上书写出自己的人生。

# 我的教育追梦之旅

北京市延庆区十一中学

谷东兰

我的家乡延庆位于北京西北的远郊山区，而我则出生在山区里的山区——一个叫作十八盘的小小山村，四周全被大山包围着，幽深秀丽却又非常闭塞，全村只有十几户人家，且全部姓“谷”，不知道我们家族的姓氏是不是由这个地方的地域特点而来的。

我的父母都是地道本分的农民，在山坡上开垦着几亩薄田，在那个年代，只能靠天吃饭，但是勤劳的他们却养育了我们姊妹三人。我们非常幸运，因为我们的父母非常开明，他们不想让我们重复他们的命运，于是为了我们能接受好一点的教育，他们克服重重困难，将我们的家搬出了那个小山村，到姥姥的村子安家落户，那一年我6岁。

## 一、培育梦想的种子——我的上学之路

1984年，我到了上学的年纪，如愿地背着书包走进学校了。从上学的第一天起，爸爸就告诉我要好好学习，用知识改变自己的命运。

当我坐在简陋的教室里，跟着老师在黑板上学习认字和算数，听着老师教我们声情并茂地朗读课文，看着老师用红笔在作业本上画出一个个对钩时，我被教师这一神圣的职业深深地吸引了。于是，每天放学回家，我也学着老师的样子，给亲戚家的弟弟、妹妹们上课，在一块小黑

板上教他们做加减法，围坐在一起给他们讲课本上的课文，手把手教他们写自己的名字。看着弟弟、妹妹们兴奋的样子，我也特别有成就感，而就在这时，我在心中已经悄悄地种下了一颗梦想的种子，长大了我也要当一名教师。

斗转星移，我的小学生涯就在簸箕营、岳家营和下屯三个村庄的来回奔波辗转中结束了，然后顺利地升入下屯中学就读。三年初中时光转瞬即逝，初三那年填报志愿，我毫不犹豫地选择了延庆师范学校，面试过关，我沾沾自喜，仿佛自己已经是一名人民教师了。想象着自己站在讲台上给孩子们上课的场景，都能把自己逗乐了。可是偏偏天不遂人愿，我以几分之差与心中梦寐以求的师范学校失之交臂，最后我上了延庆一中（当时叫延庆第二中学）。可是我不甘心，我就要上师范当老师！

高中三年过得好艰难哪，我和理科知识简直是形同陌路，上课就如“听天书”，低头就是看“火星文”，那个时候我感觉自己真是愚笨。终于熬到了高三，分了文理科，摆脱了物理和化学的困扰，可是数学依然是我的噩梦！直到现在，压力大的时候，我做梦都能梦见考数学。到了高考填报志愿时，8个志愿我全部填报了不同省市的师范学校，我是多么渴望当一名人民教师呀。可能是我的诚心感动了上天，终于有一天，我的两个高中同学兴冲冲地来找我，激动地对我说：“东兰，首都师范大学预科班的通知来了，上面有你的名字！”当听到这个消息时，尽管有些不尽如人意，但毕竟离我的梦想越来越近了，那可是我深藏了12年的梦想呀！我梦想的种子终于在那一刻发芽了！我如愿地跳出了农门，让爸爸、妈妈在村子里扬眉吐气了。

很快就到了开学的日子，兴奋又激动的我就像一只小鸟，飞出了小县城，飞进了大都市。现在学的每一门学科，都是自己喜欢的了，所以我又像一只勤劳的小蜜蜂，不知疲倦地采食学习的花粉，酿造自己知识的蜂蜜。我跟着老师学知识、文理、章法，在课堂上思考、体会、感悟，在课堂下，我增加自己的文学积淀，读鲁迅、曹禺、老舍、郭沫若，看莎士比亚、雨果、罗曼·罗兰、契诃夫。渐渐地，我的思维开始活跃了，情感开始丰富了，心灵的空间开阔了，书籍给我打开了一扇窗，让我看到了绚丽多姿的世界，仿佛自己的心里有了星辰和大海，思想和精神也有了家园。初到大城市的紧张和自卑也在慢慢消逝。两年的大学生活我拿了两年奖学金，最后还被评为优秀毕业生。我平时省吃俭用，几乎没怎么向家里要过钱。梦想的小苗就在我的勤奋中茁壮成长着。

## 二、梦想花开的声音——初为人师的岁月

美好的时光总是过得很快，转眼大学生活就结束了，2000年7月，我回到了自己的家乡延庆，被分配到了黑汉岭中学。小时候为了求学搬出了大山，今天为了工作又回到了大山，这也许就是我的大山情结吧，我本就是大山的女儿。从踏进校门的那一刻起，我就立志要做一名学生喜爱的老师。

这里的条件非常艰苦，整个学校只有6个教学班，巴掌大的操场没有个像样的跑道，孩子们就在黄土地上跑步。到了冬天，天气特别冷，西北风一刮起来，真像是狮吼一般，爱美的从来不穿棉裤的我硬是让妈妈帮我做了一条厚厚的棉裤，为了不挨冻，臃肿难看又算得了什么呢？这里是我梦想开始的地方，这里有我热爱的工作，有我喜爱的孩子，这就够了。

工作的第一年，我以为会从初一教起，结果学校安排我教初二两个班的语文。看着没比自己小几岁的孩子们，我的心里还真有点儿发怵。记得姥姥曾经说过："俺们兰子性子柔弱，不会发脾气，可别受学生的气呀！"当我想起姥姥的话时，我就告诉自己，一定要"严"字当先，板起面孔，宁可让他们怕我，也绝不能让他们欺负我，尤其是其中一个班里调皮捣蛋的学生不少，所以上课时我就一脸严肃，和学生保持距离，我以为这样就能树立起自己的威信，然而事实证明我错了。

有一次上课，坐在前面的一个男生又在和别人说话，我一下子火冒三丈，上去就把他的桌子掀翻了，班里顿时安静了，所有人都瞪大了眼睛，惊愕地看着我，那一刻，仿佛连空气都凝固了。我已经忘了那节课是怎么结束的，回到办公室，我觉得自己好失败呀，自己从小立志要成为学生喜爱的老师，可如今却成了这个局面，后悔、伤心的眼泪不禁扑簌簌地掉了下来……

发生这件事之后没过多久，我在学生的作业本里发现一张写给我的小纸条，上面写着：老师，您为什么总是嫌弃我们？老师，您为什么总是没有笑容？老师，我们多想和您成为朋友哇，可是一看到您绷着脸，我们就不敢了。老师，您能改一改吗？其实我们挺喜欢您的。看着那一句句纯朴的话语，读着那一行行真挚的表白，感受着那一颗颗被我伤害了的心灵，我的视线又模糊了，我的灵魂震颤了！

是呀，在初为人师的日子里，由于我的主观臆断，让我和孩子们中间隔了一道深深的难以逾越的沟壑，我本应该和孩子们成为朋友的呀！后来，当我读到著名教育家马卡连柯的那句话，“爱是教育的基础，没有爱，就没有教育”，我开始反思自己，我的思想在那时也发生了变化，我要把孩子们当成朋友，用真心去对待他们，用真爱去理解、包容他们，课堂上，我不再绷着脸，而是用真诚的微笑和孩子们交流；课下，我也不再躲着孩子们，而是走到他们中间，倾听他们的声音，读懂他们的心思，感受他们的青春，理解他们的烦恼。哪个孩子过生日，我会送上一份小礼物并和全班同学为他唱响生日歌；班里有女生来事儿了肚子疼，我会悄悄地给她冲一杯红糖水；有个父母离异的孩子生活困难，我会给她买衣服，告诉她这是对学习标兵的奖励。爱出者爱返，福往者福来，渐渐地，孩子们从心底里接受了我，他们愿意把心里话说给我听，遇到烦恼，愿意让我给他们出主意，我和孩子们的心越来越近了。

为了让自己快速地成长起来，我又陆续地读了苏霍姆林斯基的《给教师的100条建议》、李镇西的《心灵写诗》、张万祥的《给年轻班主任的建议》、魏书生的《教学工作漫谈》《班主任工作漫谈》等，一边读一边做摘抄，一边思考一边写体会，专家们的思想就像一盏盏明灯，为我指引着方向，照亮了我在教育教学上前行的路。

在黑汉岭中学的4年教育教学生活中，我不断成长着，也不断收获着。在这里，所有艰辛的历程都变成了美好的回忆，留给了我宝贵的精神财富，如吃苦的精神、忍耐的性格等，这些将伴随我更好地行走人生。这些经历随着黑汉岭中学的撤并画上了一个小小的句号。当时，为了表达自己对学校的热爱和不舍，我还作了一首粗糙的小诗，发表在了“延庆教育”上。

## 三、踏上新的征程——教育教学中的历练

告别了黑汉岭中学，我来到了县城一所建校两年的学校——十一学校，翻开了我教学的崭新篇章。学校面积不大，环境却很好；教学楼不多，学生却不少；建校时间不长，名气却不小。这是我刚到校不久的真实感受。

刚来的第一年，学校领导安排我教初二两个班的语文，我和初二这个年级真是有缘，两次工作都从初二开始。平稳地送走了这届学生，我自己也收获了不少，尤其是我在语文备课组这个团队里，学到了以前不知道的知识和方法。我们年级一共6位语文教师，而我在以前的学校每个年级就一位语文教师，哪里谈得上团队的学习与合作呢？在备课组组长的带领下，我们一起研究教材教法，分析学情学法，一起命制试卷，组织师生朗诵活动等，我本来以为自己已经积累了很多教学经验，以自己在工作的第二年就做了一次县级的研究课而骄傲，可是没想到在大家面前自己依然是渺小的，就像一只井底之蛙跳上了地面才发现，天空原来那么大。

不满足于自己的教学“低起点”，不愿意接受自己不如人的残酷现

实，于是，我开始向老教师学习教学经验，走进他们的课堂，学习他们的教学方法，除此之外，我还阅读了一些名人讲语文的系列书籍和文章，获得了对语文的全新的认识。

精美绝伦的花园，需要匠心独运的园丁，同样，绚丽多姿的语文课堂，需要博学的教师。语文教师只有把自己培养成一个读书人，课堂才可能充满文人味儿和文化味儿，要“教书”先要读书，克罗齐说过：“要想理解但丁，就必须把自己提高到但丁的水平。”这其实强调了文本解读中学养的重要性，而读书就是提升一个人学养的最好方式。

工作至今，我一直保持着读书、记笔记的好习惯，办公桌上、床头柜上常常摞着我随手翻阅的书籍，书中的知识和智慧指引我认识社会，分辨是非，使我学会了思考和解读的方法，书中哲人的思想洗涤着我的灵魂，让我的生命一次又一次拓展。我徜徉在书的海洋里，消解了尘世的喧嚣与浮躁，作为整天和孩子们打交道的一线教师，我深深体会到教师渊博的知识、文雅的谈吐、深邃的见解，往往能给学生心灵以震撼。为此，我诵读诗文名篇，品读经典名著，研读教育名文，在吸收多元文化的营养中提升自身修养，提高文化品位。

李希贵老师曾说过这样一段话：“我真正的学习生活是从读书开始的，我真正的教育人生也是从读书开始的，读书使我顿悟了教育，教育使我顿悟了人生。”其实读书的意义不仅仅在于知识的积累与更新，更重要的是它能使你思想常新，激情常在，不至于被世俗琐事所淹没，而是永葆一种新生的热情，战斗的姿态。

我最喜欢读的是与语文教学有关的书籍。夜深人静的时候，我读的是林语堂的《苏东坡传》、康震的《康震评说苏东坡》，这时我正在准备《水调歌头·明月几时有》的课；我读钱理群的《鲁迅作品十五讲》、孔庆东的《正说鲁迅》，这时我正在准备《孔乙已》的课。读书，成为我生命中汩汩流淌的血液。我深谙，知识是最虔诚的信仰，知识的厚度是教师传道、授业、解惑之本。对我而言，读书不仅是读文字，更是咀嚼生活、咀嚼生命，带着对生活、对生命的思考回归课文，让我看到更深远的世界。

学校领导看到了我的努力上进，于是在送走了初三之后，就让我返回初一，当初一（3）班的班主任。我知道，这既是对我工作的认可，又是对我新的考验，我全身心地扑在教育教学之中。

在教育教学过程中，我遇到了一些学生问题，在处理这些问题的过程中受益匪浅，在帮助学生成长的过程中，我的思想也在成长着，并总结了一些对待学生的方法。

一要宽容忍耐、对症下药。栽树栽根，育人育心，我们要允许学生犯错误，甚至一再犯错误，对学生不接受教育的行为要给予足够的忍耐。学生犯了错误，班主任不要过早下结论，武断处理，要调查原因，全面地掌握学生的思想动态和学生中出现的不良行为的前因后果及其中的是是非非，找到症结，对症下药。班里有个孩子早上总是迟到，说了几次都不见改善，于是我就和孩子分析情况，原因是他妈妈上班早顾不上他，所以他总是睡过头。了解情况之后，我们就对症下药，想出多种方法供孩子选择，如可以给自己上闹铃，也可以跟妈妈同时起床，利用早晨时光背背书。孩子欣然接受了建议，第二天果然没有迟到，我于是赶紧表扬加鼓励，又激发了孩子的积极性，迟到问题就轻松解决了。一把钥匙开一把锁。在管理学生的工作中，做到宽容和忍耐，犹如“好雨知时节”，它在潜移默化中深入学生的心田，学生自然就“亲其师，信其道”了。

二要关怀体贴、无微不至。班主任要对学生倾注全部的爱。有一个男孩子，父母在他2岁的时候就离异了，而且又都各自组建了新的家庭，于是他就好像成了一个多余的人，只能跟着爷爷奶奶生活。隔辈亲往往容易形成溺爱，“调皮捣乱不听话，欺负人不学习成绩差”就成了他的标签。俗话说，一把钥匙开一把锁。教育这类学生应因人制宜、因材施教。对顽皮型的，切勿在公众场合批评、训斥、挖苦讽刺，而应听其言，观其行，润其心，长其志，循循善诱，有的放矢，促使他们把旺盛的精力与情感转移到学习上来。所以平时我就多分给这个孩子一些爱，在孩子生日时，我会多买一些礼物；天气凉了，我会帮孩子买一身保暖内衣；运动会上，孩子没来得及吃早饭，我会把自己的早点送给孩子。人心都是肉长的，你对他好他总能感觉到，日子一天一天地过，孩子也在一点一点地变。最终孩子如愿地考上了高中。教育道路上，只要我们始终抱着“一碗水也能救活几棵苗”的信念，思想上不歧视，感情上不厌恶，态度上不粗暴，把一颗真诚的爱心扎根于孩子的心灵深处，那么师生定能同奏一曲“共鸣”的乐章。

三要因人制宜、善于发现。由于家庭和自身的原因，我们班小南的脾气有些暴躁，不爱学习，还经常离家出走，家长对他无计可施。我也是煞费苦心。后来我发现只有体育是他的最爱。每年的运动会和足球联赛，是他最得意和最骄傲的时候。他将一张张奖状挂在了我们班的荣誉栏里，将一座座奖杯放进了学校的荣誉室里。发现了他身上的闪光点之后，我和他进行了一次深度谈话，我们谈青春，谈理想，谈未来，最后，我鼓励他去报考延庆一中的体育特长班，这样他就能将自己的强项发挥得淋漓尽致了。对于不同的孩子，我们要因人制宜，善于发现他们的闪光点，拨旺他们上进的火花。其实孩子得第一并不难，只要我们为他们另起一行，每个孩子都可以是第一。

在我与我亲手从初一带到初三的孩子们的共同努力下，我们的中考语文成绩是全县普通班第一名，我们班也获得了市级先进班集体的荣誉称号。

就这样，三年一轮，迎来送往，我成功地送走了五届孩子。我的班主任工作用心投入，我的教学工作扎实勤勉，自然会获得丰收。教学成绩优秀奖、先进班集体、紫禁杯优秀班主任特等奖、学生喜爱的好老师……这些荣誉的背后，既是对我付出的激励，又是我未来工作的动力。每年的教师节、春节，我都是最幸福的，因为孩子们祝福的短信占满了我的手机。

时光荏苒，转眼之间，踏上教坛已有21个春秋。从黑汉岭中学到十一学校再到十一中学，每一段征程对我来说都是一次修行。对于教育，我用一份最简单最真诚的爱来阐释；对于学生，我用一颗最真诚最包容的心去对待。我坚守着这方讲台，浇灌着这片心灵的土壤……在我的语文课堂上，我总是努力创设各种有效情境，激发和培养学生学习的兴趣，从而调动学生学习的积极性、主动性，提升学生的语文素养。

有人说，教育的最高境界是能不留痕迹地改变一个人。我希望自己也能够达到这种境界，用心做教育，要有一颗大爱之心，要超越功利，真正站在学生的立场，潜心研究教育规律，精心创设教育教学活动，为学生的终身发展奠基。工作这么多年，我总是想：每天只要能够陪伴着一群天真烂漫充满激情与幻想的孩子，与他们一起欢呼或者一起悲伤，一起拼搏或者一起落泪，只要彼此都能感受到成长的乐趣，就能发现教师职业中弥漫的那种美，就会每天都产生冲动，就会看到每个学生都是一朵含苞待放的美丽花朵。

国家从农村实际需要出发，推进教育改革，提高教师待遇，加强师资队伍建设。作为一名乡村教师，在深化教育改革的今天，我会珍惜机会，抓住机遇，让改革成为我们教师生命飞速成长的新起点。

对于自己的明天，我也充满希望，希望自己继续做一名仁爱者，善良、慈爱、怜悯、宽厚，要用爱培育爱，激发爱，传播爱，用真心、真情、真诚拉近与学生的距离，滋润学生的心田。

希望自己继续做一名追求者，尽管已过不惑之年，但我依然不忘初心，怀揣教育理想，用自己的热情和汗水，在三尺讲台上实现我人生的最大价值。

希望自己继续做一名思想者。我不能成为思想家，但应该成为思想者。有思想才会思考，才会改变；有思想才会探索，才会研究；有思想才会有作为，才会有进步。

克里斯托弗·莫利说：这个世界上只有一种成功，那就是用你喜欢的方式度过一生。作为一名乡村中学教师，我不想定义成功，我只想说我喜欢教书，喜欢和孩子们在一起。我要珍惜当下，全身心地去挖掘教师职业的内在美，坚信自己的职业是可以成就人的一生、值得为之奋斗的事情。

教育是一粒希望的种子，埋藏在每个孩子的心中。作为陪伴者，我要给孩子提供所需的阳光和养料，让他们萌发、长大，守护他们长成参天的大树，开出美丽的花朵，结出丰硕的果实。这也必将让我的追梦之旅走向更加美丽的新境界！

## 理论点评

点评人：张晓龙博士

谷老师当老师的梦想是在简陋的教室里、各位老师的熏陶中生发的，不啻为现实版的“斯是陋室，惟吾德馨”。她顺理成章地开始为梦想付诸行动，报考了延庆师范学校。命运导师给了她种种考验，使她更坚定了实现梦想的决心。

谷老师的文字非常生动地向我们揭示了爱要通过具体的行动来体现，所有这些行动都是教师深厚的情感力量的表现。教师的情感能力正是教师对情感对应的各种行为的实施能力，落实到行动的情感才称得上真挚。

凭借良好的阅读习惯带来的长期的思想积累，谷老师将集人类思想之大成的智慧结合具身体验，产生了巨大的力量。这些智慧恰是人类总结出的深层次的认知结构，是人类释放自身能量的非常重要的认知通道。谷老师基于自身生活经验中那些阻碍自己能量释放的挑战和问题，结合这些智慧的认知通道，逐步调整自己的行为和认识，最终构建了与自身和其所在社会生态完美契合的信念与行为，从而必然获得社会的赞许，同时实现个人的价值。

纵观谷老师的成长历程，我印象中最深刻的是她的家庭对三个女儿在教育方面的重视，我可以感觉到这个家庭蕴含的巨大能量，支撑着包括谷老师在内的三个女儿，让她们在各种考验中勇往直前。曾经父母对女儿们的爱，我想现在应该已成为三个优秀的女儿对父母之深情；曾经为女儿们创造幸福之路的父母，我想当下应正安享幸福晚年。谷老师对学生那份深厚的情感，也已经或正在让她体验到满满的专属于教师这份职业的爱与幸福！

《庄子·齐物论》云："且有大觉而后知此其大梦也。"[1]弗洛伊德说："梦是愿望的达成。"[2]谷老师的教育追梦之旅固然是一场愿望达成的行动，但又何尝不是一种大觉呢？而我们每个人又何尝不是在大觉、大梦中前行？不如主动开始教师的追梦之旅，用具体行动释放爱与幸福的能量，追寻生命的意义。

## 学生点评

点评人：王子洁

读了谷东兰老师的《我的教育追梦之旅》后，我感触颇多。谷东兰老师从一个闭塞山区的小女孩，最终成长为一个优秀的教育工作者，一切皆来自谷老师心中那颗梦想的种子——长大了当一名教师。这颗梦想的种子萌芽于谷东兰老师幼年时期纯洁的心灵，根系深厚。

当我看到谷东兰老师手把手教弟弟妹妹写名字的情节时，自己也忍不住乐了起来，多么相像啊！我的爸爸、妈妈都是老师，小时候，看到那些学生问爸爸、妈妈"老师好"的时候，跟在爸爸、妈妈身旁的我也总是不自觉地生出几分自豪感。于是，在家里，我也学着他们的样子，让弟弟背着双手，端正坐姿，以墙壁做黑板，用稚嫩的小手工工整整地写下"人""大""小"，特别认真地教弟弟认读识字，俨然一副小老师的模样。这些回忆让我觉得自己与谷东兰老师如此相似，其实，梦想的种子也早已经悄悄地在我心里萌芽了。

星移斗转，谷老师的梦想已经开出了绚烂的花朵，结出了丰硕的果实。在谷老师追逐梦想、实现梦想的过程中，我仿佛看到了我的逐梦之

1 陈鼓应注译：《庄子今注今译》，中华书局，2009。

2 车文博主编：《弗洛伊德文集》，长春出版社，2004。

路似乎还很长，虽说两年后，自己就会成为一名光荣的人民教师，但是要做一名合格的人民教师，做一名真正的教育工作者，让自己的教育事业结出丰硕的果实，又该如何做呢?

谷老师在文章里写她刚开始工作第一年的感受，因自己年轻怕受学生欺负，为了不被学生欺负，就“板起面孔”“树立威信”。此时，在我脑海里马上浮现出了我小学四年级时的年轻男教师，他脾气火暴，动辄就出手打人。有一次考试，我因粗心而计算出错，被他恶斥一顿。自那以后，只要在校园内看见他，我就会紧张发怵，他的做法给我幼小的心灵留下了难以磨灭的伤痕。幸运的是这样的阴影于我是可以用时间慢慢驱散的。假如是心理更脆弱的，甚至逆反心理较强或处于青春期的学生，也可能会留下终身的疤痕吧。因此，在后来的成长过程中，我就暗自告诉自己：要做一个让学生喜欢的老师，不做“恶”老师。作为老师，首先应该让学生喜欢和信任，这样才能让学生充满学习热情，付出最大努力,“亲其师”才能“信其道”。在我的学生时代，大家在一起议论最多的就是喜欢某位老师，讨厌某位老师。我们特别不愿意看到不喜欢的老师，甚至反感他教的学科；反之呢，喜欢某个老师就喜欢他的课，老师布置的任务总是愉快地接受，课堂上精神焕发，能够全身心地、积极地跟随老师的节奏，学习也就变成了乐趣，这些都能极大地激发学生的学习动力与潜质。

爱就是教育之根本。正如谷老师引用的“爱是教育的基础，没有爱，就没有教育”。爱是催化剂，有了爱，才可以催生出真诚和热情，才可以生长出对学生真正的发自内心的尊重、真诚与信任。谷东兰老师后来教学方式的改变与行动，也恰恰印证了这一点。当然，要使教育的梦想花开灿烂，爱是根本，还要有如谷东兰老师一样的虚心勤学，团结合作，奋进不息，以及工作学习中点点滴滴的智慧和汗水的积累。

我将为之而努力!

# 我与母校共成长

北京市延庆区大柏老中心小学
鲁迎华

## 一、难忘的童年时期

1975年的春天，我出生在延庆区旧县镇西龙湾村。我上面有两个姐姐，我是家里的老三。

**淘气的学龄前**

娘说我将来一定命好，自带食，因为大姐出生几个月娘就没奶了，二姐一出生娘就没奶，生我后娘奶水很好，所以我比两个姐姐长得都壮。我跟在姐姐们的屁股后面成长，学会了钩手套、织钱包、爬树、用高粱秆烫头发。我的性格一点儿也不像女孩子，整天爬墙头，气得娘说我投错了胎。记得5岁时我爬墙头摔下来把脚摔骨折了，娘担心道："怕是将来得是个瘸子。"不过还好，我不仅没瘸，跑得还挺快。

**难忘的小学**

终于上学了，我的母校是大柏老中心小学分校——西龙湾小学。学校有三排平房，第一排、第二排是教室，第三排是老师的办公室和宿舍。二姐8岁上学，学习很好，期末考试总是考100分。村里没有二年级，得去邻村东龙湾小学上，东龙湾与西龙湾只隔了一条河，大约一里地，但娘还是懒得送二姐，让二姐留级还念一年级，于是二姐就和我一个班了。我小学一年级的班主任是孙元华老师，是我们本村的，她梳着两条乌黑的长辫子，上课从不骂我们。由于二姐一年级的知识点都会，所以二姐当了班长管理我们这些新生。当年我的学习可是与二姐有着天壤之别，一学期下来，二姐的书崭新，我的书皱皱巴巴；二姐成绩优秀，我才70多分；二姐一回家就写作业，我一回家就放下书包疯去了。娘曾经断言，三个女儿中我是最不可能考出去的。谁知，最后家里只有我考出来了。三年级时，从城里嫁到我们村的林老师当了我们的班主任，她一口京腔，纠正了我们很多在拼音上存在的问题，教我们朗读，教我们积累词语，这些为后来我学习语文打下了一定的基础。记得五年级的班主任张秀山老师写得一手好粉笔字，跟打印出来的似的，语文教学也很有方法，会把我们分成六七个小组，选择家里比较富裕的孩子当组长，晚上到组长家学习，集体写作业、集体背诵。我当时是高兴的，因为可以省我们家的蜡烛，组长的家长也挺高兴，孩子当班干部了，特别支持同学们到自己家学习。现在想想，张老师在那时就充分开展小组合作了，教育理念多么超前。六年级时，我们来到大柏老中心校就读，中心校是个二层楼，在1987年时，延庆县的学校是楼房的还真不多，听说中心校是村委会和乡镇及村里有钱人士合力建设的。当时的校长是周学凯，我后来回母校任教，他还是我的校长，现在已经退休了。我们班在二层，我们的班主任兼语文老师是张秀山老师。数学老师是李艳军老师，李老师总夸我数学好，在她的夸奖下，我的数学还真是越来越好，看来好孩子真是夸出来的，多么符合现在的教育理念！但我语文成绩总是没有提高，如果张老师也运用赏识教育，没准儿我的语文也能早日进步。中心校离我们家有三里地，刚开始我们走着上学，爸爸看太辛苦，就把家里的二八车让给我和二姐，二姐一开始不会骑，后来慢慢可以上大梁，但由于个子矮小坐不到车座上，屁股在车的横梁上左右晃，还得带上我，真是不容易。后来我们合作，她扶车把，我坐在后座上蹬，一路欢声笑语，颇有一番情趣。再后来，我也在摔了无数个跟头后学会了骑车，上学的路上不是我带她，就是她带我，或是合作，小学就这样结束了。二姐依然是班主任眼中的好学生，我依然是班主任眼中那个70多分的学生。

## 二、人生转折时期

中学时我就读于大柏老中学，学校位于大柏老村西，共4排平房，每排6间教室，每个年级4个班，每个班大约40人。我读初一时，整个人懵懵懂懂，也没想过考学的问题，但遇到了一批优秀的老师，记得初一的代数老师杨静思长得很漂亮，黑色的齐肩发下有一张十分白皙的脸，我就喜欢听她讲课，说实话，我更喜欢她的漂亮和温柔的说话声。为了能近距离接触杨老师，我总是第一个做完书上的题，杨老师总会走到我身边，看完我做的题，再让我做其他练习册上的习题，就这样，我成了代数学习方面的佼佼者。现在看来，杨老师是在分层作业，满足不同层次学生的需求，让每一个孩子都吃得饱。初二的英语老师是杨静怡，她那一口流利的英语配上略带沙哑的嗓音折服了我，记得她让我们背音标，强迫我们利用音标记单词，开始我们都是利用中文谐音记单词，如“tomorrow”我们就在书上标记“特猫肉”，“thank you”标记为“三克油”等，老师发现后批评我们学习方法不对，这样会阻碍英语学习的道路，必须利用音标记单词，并且要求我们背课文。30多年过去了，我现在依然可以根据音标读单词，还能背一些课文的开头，这就是把学科本质抓牢，为学生今后发展性学习奠定了基础。我还得感谢我的体育老师——刘涛。刘老师也是我们本村的，我在小学四年级时显现出了运动天赋，但由于个子太小，成绩平平。到了初二我一下就长到一米五八，他觉得我中长跑还可以，坚持让我训练，我是个懒人，经常偷跑被刘老师逮回来，批评一顿，有点儿恨铁不成钢，在老师的严格监督下坚持到了初三，在延庆县中小学运动会上我拿过1500米全县第二名和800米全县第三名，我们集体还获得过初中甲组第一名和第三名的好成绩。中考时，我凭借体育加分终于考入延庆师范。全校160多个学生，当时只考上了3个，有一些同学上了高中，大部分同学直接去建筑工地当工人了。那一年暑假，我成了父母眼中的宠儿，亲戚眼中的文人，姐姐们眼中的好样的。我能走上教师之路真心感谢我遇到的一些好老师，让我这样一个没有想法和目标的人走上人生正轨。初中是人躁动的时期，能遇上好老师是我的一生之幸，因此我一直在努力成为孩子们的人生之幸。

## 三、广泛涉猎时期

1991年，爸爸骑着二八车带着被子、褥子，娘骑着二八车带着脸盆等生活用品，而我则骑着二姐新买的红色二六斜梁自行车来到延庆师范学校，门口有师姐、师哥迎接，帮助我们这些新生办入学，领着我们找宿舍。记得我的宿舍是一层的121室，床是上下铺，我第一次睡上铺，心里可美了，我身手灵活，所以上上铺不在话下。学校有宿舍楼、教学楼，我们一年级新生在西跨院的平房里生活学习，当时学校有体育班、音乐班、普师班，到我们入校时学校还有幼师班、美术班，想想现在，延庆教育师资的中坚力量都是在那个时期培养出来的。师范生活多姿多彩，出生农村的我对师范生活充满了新鲜感，师范学校是自由的乐园，一群来自延庆不同地区的富有朝气的孩子怀着对未来无限的憧憬聚集在一起。我被分在二班，我们班有24名女生，16名男生，大家都青涩而胆怯，记得第一堂语文课上老师让我们自我介绍，鲍莉红老师亲切地说："当老师，要说普通话，发音要标准。"那时我才意识到我将来要当老师了，我得练习说普通话，练习发音。"一专多能"的校训激励我们迅速将乒乓球、排球、篮球练起来，积极把素描、水粉画、毛笔字、钢琴学起来，汪国真的诗集开启了我对现代诗的热爱。当时琼瑶的小说风靡全校，熄灯以后我们都躲在被子里打着手电筒看，或是装作上厕所在厕所里看，或是到宿舍楼后院路灯下看。三年级时的班主任陈雪荣老师请音乐大专班的学生教我们跳交谊舞（平四），每个晚自习学习跳舞的画面真是令人难忘。师范三年里，我一直是校运动队的，每年开校运动会我都是班里的主力，赢得了老师的喜爱、同学的羡慕。一次，我参加市中专运动会集训，在那两个月里，每天由学校管饭，不用花自己的饭票，省下的饭票可以买学校小卖部里的各种零食。记得大冬天，我们冻得瑟瑟发抖还去买2角的冰棍，小卖部的叔叔说我们“以毒攻毒”。集训时还可以不用上晚自习，令其他同学非常羡慕。记得参加市中专运动会回来时，我们班同学特意买了塑料花送给我，说是迎接我凯旋，当时我还以为是班委用班费买的，后来才知道是同学自己出钱买的，令我感动了好一阵。不仅如此，我期末还能拿到体育奖学金，好像是30元。现在我还保留着那些奖牌，它们成为我尘封的记忆。三年级最后一个月需要实习，我实习的地点是延庆实验小学（现在的延庆二小），我的指导老师是张燕飞老师，她是个苗条、漂亮的女老师，她指导我们如何讲清数学算理，还教给我们如何教育学生。初进课堂的我们对学生的喜爱、对学生的表扬总是会毫不掩饰，对此，张老师耐心地指导我们说：“不能没底线地表扬，这样孩子容易骄傲，要在表扬的同时指出努力的方向。”这让我在以后带班时也不会乱表扬，总是会真诚地肯定学生，中肯地建议学生，促进学生发展。三年的师范生活不仅让我学习了各种技能，也渐渐地了解了一个教师应承担的责任。

## 四、27年的教学生涯

### 初登讲台的稚嫩

1994年7月，我被分配到延庆区东白庙中心小学（现在香营学校的小学部），我和另外5个同学分到一起，同学变同事，可高兴了。第一年我被分配在中心校教四年级数学，初登讲台，班级管理、教学都很稚嫩，但幸运的是我遇到了一位好同事——与我同年级的郑老师，她是很有教学方法的教师，她做研究课，用我们班学生试讲，教研员评课后，修改，再试讲。我第一年就可以学习一个老师是如何打磨自己的课的，岂不幸运？记忆最深的是，第一年学校就让我上期中工作检查课，由教研员集体来评级。教导处刘主任带着我来到延庆一小学习上评价课，当时我真是从零开始学，学着一小老师的模式设计自己的评价课。在评价中，有个孩子对自己的评价成绩不满意当堂就哭了，我有些不知所措，最后我的评价课被评为良，这也让我明白教师的课堂应变能力很重要，要学会处理突发情况。这次的评价结果虽然不令人满意，但是我得到了锤炼。评价是永恒不变的话题，一直是我们教学需要探究的课题。

我是喜欢和学生们混在一起的。忘了从什么时候开始，学校要求学生中午必须回家吃饭，我让学生们吃完饭就到校门口，我带领他们从东白庙骑车到旧县乡，有15分钟左右的路程。路上我给他们买冰棍，再一起回学校，一路上有说有笑。一个时代产生一种教育理念，年轻时陪孩子玩、陪孩子闹，但教学不够扎实，虽受孩子喜欢，但终是留有遗憾。我在东白庙中心小学待了4年，刚熟悉教学工作就结婚生子了。总结这4年，虽然基本上算是上路了，但对教育的感悟，对教学的研究，对教育生涯的规划似乎都收获甚微。

**成长进步阶段**

第一个阶段，教学成长之路。

1998年，我从东白庙中心小学调到我的母校大柏老中心小学。母校不再是村东的二层小楼，而是新址上的三层教学楼，校长还是我小学时的校长周学凯，面对老校长我感到十分亲切，记得第一天报到时老校长开玩笑说："你会教书吗？"我顺势回答："您培养出来的学生，难道还不会教书吗？"老校长也是一笑，现在想想，当时真是年轻气盛。我被安排在中心校教五年级一个30人的大班。当时我们还是自己用钢板刻卷子，再自己印刷，我小学时，老师就是自己刻卷子，到了90年代末依然在使用这样陈旧的方式，感觉那时教育的发展速度不是很快，不像这几年，日新月异，一会儿不学习理念就陈旧了。

课改从2001年开始，学校校长换成了孙进华。学校开始鼓励让孩子成为课堂的主人，课堂上要做到“我能行”“我最棒”，从形式的转变到理念的转变，国家下了很大力气。假期里，老师要参加为期一个月的培训，每天集体学习、反思，从那个时候开始，“反思”这个词便如洪水一般涌入每一节课后。课改从一年级开始，其他年级逐步过渡，老师们集体学习2001版课标，参加校级考试，区级理论比赛、设计比赛、说课比赛、课堂评优，活动搞得轰轰烈烈，我一直教高年级，是最后进行课改的老师，理念总跟不上，不如一年级老师，每次听课后校长总说我穿旧鞋走新路。人的成长是需要有压力的，记得2004年期中工作检查时，孙校长让我讲“分数的基本性质”，那时课堂就变成了情景导入—新授—巩固练习—拓展提升—课堂收获，情景设计很时髦，校长和我们一起备课、试讲。我记得设计的是吃烙饼，假设圆是一张烙饼，通过动手折，学生说，可以说成吃烙饼的1/2，还可以说成吃烙饼的2/4，还可以说成吃烙饼的4/8，老师写板书，问可以用什么符号将这些分数关系表示出来，学生说等于号，那就让学生观察，继续利用手中的圆找出规律，先从左到右找，再从右到左找，最后总结分数的基本性质，每一句过渡语孙校长都给我设计好了，但我总是说得不自然，气得孙校长让电教老师录下我上课的样子，让我拿回家看，看自己上课的表情、动作、语言。我当时真是上火呀，饭都吃不下去。终于在经历了一次次试讲后获得了优，那时县里对期中工作检查很严格，12节课必须有10节课是优，还要做全县期中工作汇报。每个学校的校长都不愿意自己学校的成绩垫底，所以就得一遍遍试讲，没学生用就叫来老师充当学生，那次是我第一次被锤炼，令我至今记忆犹新，也彻底改变了我的教学方法，使我学会了情景导入。那一年我还参加了县里的基本功大赛，大赛分为理论考核（课标内容考核）、专业知识、教学设计、说课比赛，四项评出全能。为了比赛我才开始真正学习课标，从总理念到总目标再到各个阶段目标及评价，最后是教学意见，全部细致阅读、认真学习，到现在我还记着当时背诵的内容，让我受用终身。虽然最后比赛成绩不是很理想，只获得理论考核三等奖、专业知识二等奖，教学设计和说课都失败了，所以也没获得全能奖，但是这次的比赛为我后面的教育教学奠定了理论基础，我的教学理念发生了变化，学习、研究的态度也跟着发生了变化。成长就是一次不经意间猛然醒悟后的发现，有时候逼一逼自己也是值得的，不然你就会永远在原地踏步。

第二个阶段，班主任成长之路。

在班主任这条路上，成长还源于一节德育评优课。学校动员教师主动申报参加县级评优课，我也报了评优课，但孙校长认为我更适合报德育评优课，于是我就和我的搭档冯老师一起设计了主题为“爱家乡”的一节德育评优课。周六，所有参加评优课的老师一起加班，大家互相出谋划策，记得周立芬老师说：“大柏老村特色是养牛，不如就以这个为主线，歌颂家乡变化，突出热爱家乡呗。”对呀，不如就叫：如今家乡“牛”起来，“牛”有两层含义，一层是养牛，另一层是歌颂人们靠养牛日子好起来了。在集思广益下，我们的评优课成形了。于是我们带领学生参观大柏老八方达养牛场，参观自动化挤牛奶。我们看到奶牛排着队等待进厂房和牛奶无菌进罐的过程，当时觉得真先进。我们邀请大柏老村发家致富带头人讲述创业故事，感受到早期创业者的艰辛，也让学生受到教育。那节课我们获得了县级一等奖，也因此学会了上班会、德育活动课、少先队活动课，更加认识到集体的力量与合作的价值。这些年我也一直在和同事合作，不论是自己参加评比还是同事参加评比，我们都会倾囊相助。我们所取得的最好成绩就是2019年获得班会录像评优市级一等奖。

班主任想要成长还需要学习先进的班级管理理念，需要用心、用爱为孩子撑起一片蓝天。从教27年中，有得白血病先我们而去的学生，有耳残、智残的学生，有缺爱的学生，有家庭困难的学生，总之形形色色的孩子我都遇到了，记忆都很深刻。来说说我遇到的第一个智残学生吧，

2000年，我被调到大柏老中心小学分校——米粮屯小学，学校条件不好，冬天，使用的仍然是土炉子，上课时我即使站在炉子旁边，脚还是被冻得生疼，孩子们也是戴着手套写字。班里有一个一米七的大高个学生，别看他个子大，却连拼音都不会，更别说写字了，他平时只是跟着上课，其实是可以不用管他的，但那时为了提高六年级教学成绩，我就把他叫到办公室，帮他补补课，偶尔会聊聊家常，了解一下他的思想情况。在交谈中我得知他其实很渴望父母的疼爱，对父母只爱妹妹也很伤心。我觉得这个孩子很可怜，会偶尔给他好吃的，体育课时把他叫过来教他读读书，我也是无心插柳，只是单纯地可怜这个孩子，没想到他也很有心，元旦时，他拿了一张我也记不清楚名字的名人画报来到办公室找我，我当时没在，同事告诉我他进门还栽了个大跟头，进办公室也没说话，就又出去了，后来在操场上看到我就把画报送给了我，当时我心里一阵酸楚，从那一刻起，我发誓要真心对待每一个孩子。这些年我一直坚持我的信念，我的真心也换来了孩子们的真情，每年过年都会有一些学生来看望我。

还有一个借读的孩子，家里困难，只有一双旅游鞋，已经穿破了却仍在穿，经常被同学嫌弃。我自己有个儿子，没有女孩穿的鞋，我就跟生女儿的老同学要了两双鞋号合适的鞋送给她。直到毕业后那个孩子对此事还念念不忘。作为班主任，这样的例子还有很多，我想，只要我们用爱滋润孩子心田，用情感化解冰冻的心，用智慧开启他们的心灵，用一个灵魂撼动另一个灵魂，他们就会走近你。遇见好班主任，孩子将终生受益，所以27年来我一直鞭策自己一定要努力成为学生们的良师益友。

第三个阶段，“乡情”带给我的成长。

回到母校，恩师变成了同事，我的身份从学生变成教育学生的教师，一种无形的压力激励着我要好好干。记得1999年，我回西龙湾任教，学生家长都是本村的父老乡亲，没有人称呼我鲁老师。“星研，这是你三姐，你要好好学。三儿，我还有事，家长会就不开了，你随便管，不听话就踢她。”“哎呀，今年你教他们五年级，我就放心了。崔涛，好好跟你姐学。”乡亲们的热情让我不敢懈怠。我当时教学要有手写教案，但我都会按课表认真上，有不懂的赶紧请教同事，耐心辅导个别学生。我当时在村里住，有很大优势，放学可以让个别学生留下来一会儿，还可以把学生领到我家，家访更是方便。有一年，学校每个月都会举办数学竞赛、阅读比赛，我们班每次都能包揽第一、第二名，那一年我更加认识到肩上责任的沉重，乡亲们把孩子交给我，对我充满信任，从那一刻开始，我敬畏我的职业。

我与村里的乡亲们都很熟，所以家长与教师的关系不用刻意建立，处理学生间的矛盾不用太费劲，但管理学生需要智慧，他觉得老师是熟人、亲戚，关系自然亲近一些，多少会放纵一些。记得2010年，我在中心校教五年级两个班的语文，其中一个班里有本家哥哥的孩子。除了上我的课他还能老实一点，上其他老师的课时，他总是捣乱，弄得老师无法好好上课。面对在家里叫自己姑姑的学生，说得重了，本家嫂子肯定心里不乐意，没准儿还会想，是亲戚，不照顾孩子还难为孩子；说得轻了，孩子也改不了，真让我左右为难，这就是乡情带给我的新课题。如何利用好乡情管理学生，又如何避免乡情制约我前进的步伐，成了我不得不静下心来思考的问题。首先，我并不找孩子谈心，而是直接家访，先谈孩子最近的优点，毕竟上我的课他还能认真听讲，让嫂子放下戒备，因为以前只要家访准是孩子惹事了，这次我改变了策略，先介绍孩子有了哪些进步，再让孩子自己说说最近在学校的各方面表现，要求也是先说优点再说不足，错误从孩子嘴里说出来远比从班主任嘴里说出来更容易让家长接受，所以嫂子一听他在其他课上捣乱了，自己就开始批评教育孩子了。其次，发挥班干部一帮一的作用，监督孩子平时一日常规。再次，利用“我是班级的代言人”主题班队会，让孩子明白怎样做才能成为班级的代言人。最后，与孩子谈心：“我们课堂是师生，课下是朋友，回村是亲戚，你要带好头，做示范，不能给咱们家丢脸。你要是犯了错误，我可要批评的。”课堂上我就专门抓他犯错误，抓到就是一顿狠批，其他同学看到后觉得老师的亲戚都被批评了，也就遵守纪律了。对熟人的孩子，真得费一番功夫琢磨如何做才能做得圆满，同时也促进了我自己的成长，没有这些特殊的情况，我也就没有那么多的点子，也就没有那么多的案例，所以这些既是压力也是动力。

虽然我们很努力地去教育，但教育真不是一个人的独角戏，虽然用心但也有事倍功半的时候。记得2016年，我们班有个留级两年的捣蛋鬼，他是父母抱养的，他父母的亲生儿子因车祸去世，他们对这个抱养的孩子要求很低，希望他健康就好。开学初，这个孩子经常在上其他课的时候说话、打闹、睡觉、传纸条，影响很不好，弄得其他课上得鸡犬不宁。我知道后，与他进行了多次交锋。第一次交锋，了解原因。经过与他交谈，我了解到他上课捣乱是因为听不懂，于是我对他进行说教，他也表示改，但没两天就坚持不住了。看来我的说教作用不大，很明显，他答应改正，只是为了赶快摆脱我这种令他厌烦的谈话。第二次交锋，任务驱动。他足球踢得很好，于是，我发动同学推荐他当体委，在班干部推荐会上，当同学推荐他时，他很诧异，因为常年被批评，今天同学竟给他列举了那么多优点，不再满眼敌对，眼神柔和了许多。在候选人竞争中他的承诺最真诚，得到了同学们的一致认可，最终被选为体育委员。之后的日子里，虽然他有所改变，但还不够，看来教育真不是一朝一夕的事，冰冻三尺非一日之寒，家长只要健康不要成绩，最终还是不能把他拉到学习这条路上，小学勉强毕业，听说升入初一就“涛声依旧”了。这件事让我感到我也有无能为力的时候，虽然见到家长可能不好意思，但尽力就好，因为教育不是万能的，总不能要求自己能改变所有人。班主任之路还很长，成长不会止步，我会紧跟时代步伐不断求索。

第四个阶段，个人理念成长之路。

随着课改的不断深入，我们的理念也在不断更新。1991年，我初登讲台时，大家学习的是讲授式教学，即老师讲学生听，一问一答。现在从讲授式教学逐步过渡到自主学习、合作学习、探究学习，我们的理念在10年中不断翻新，生本课堂走进学校，主张以学生发展为本，体现“以学定教”的教学理念，学校也开始推进小组合作。2020年，突如其来的疫情不仅打乱了我们的生活，也打乱了我们的教学计划，但我们抓住这个时机及时充电，利用网络学习小组合作的慕课，先了解基本理论再进行操作，合作学习小组成员的组成一般遵循“组内异质，组间同质”的原则，这样既可以增加各个小组的多样性，同时又可以增加小组间的竞争性。学习小组一般以4~6 人为宜，且每人都应有分工，如谁来组织、谁做记录、谁负责发言、小组成员发言时其他人干什么等。总之，小组成员必须明确各自应该承担的工作，明确各自该为小组做什么，但角色可以经常轮换，这样可以让小组成员有机会担任不同的角色，明确各个角色的责任和义务，以此来增强合作者的合作意识和责任感。同时，小组各成员应形成一个利益共同体，发展为一个整合的群体。小组成员不仅要努力争取个人目标的实现，更要帮助小组其他成员达到预期的合作学习目标，这样小组就要确立共同的学习目标，且这个目标应成为小组成员共同努力的方向。小组成员不仅要执行小组共同合作学习的目标，而且还要理解这一共同目标，在认识上达成一致，最终把共同目标转化为小组合作成员的内在需要和自觉的行动，这样小组成员就能形成一个有战斗力的群体。开学后我们就紧锣密鼓地实施起来，分组、分工、起名、制定口号、形成目标，由学习小组组长带领大家学习，初步学会小组合作学习，后期深度培训合作学习，鼓励组内讨论，只有讨论才有思维参与，才不是组长一言堂。教师的观念、素质也需要打磨，教师的薄弱之处在于小组合作任务单的设计，我们就主要探究小组合作任务单设计的实效性。教育的理念还在时时更新，作为当代农村教师更需要不断学习，才能与时俱进。

## 五、27年的教学感悟

我一直在乡村教学，见证了乡村学校由繁盛到萧条的过程。1998年，大柏老中心小学有1200多名学生，100多位老师，一个中心8个完小分校，其中米粮屯分校和古城分校每个班级都是双轨班，每个班都有40名左右的学生，家长完全支持学校教育。今天全中心只有150多名学生，50多位教师，每个班就剩10多个人，但每一位乡村教师依然不忘初心，孜孜不倦地培育下一代。作为一名生长在乡村、扎根在乡村的女教师，理念需要不断更新，应多走出去感受现代教育大环境下的教学模式，不断提升教师的素质，高质量的教师才能培养出高素质的学生。

教育理念一定要跟得上时代的步伐。教师的教育理念决定了课堂教学方式，我们教师的观念不更新，教育改革就甭想推进，思想变了，行为就会发生变化，社会在发展，社会需要的人才就会发生变化，我们培养的是社会需要的人才，所以我们学校虽然是乡村学校，学生人数少，但教师观念不能陈旧，不能说10个人就不搞小组合作了，我们可以探究小班化的小组合作模式。

教育方式一定要符合当代孩子的需求。现在的孩子真不同于我们刚毕业时的孩子，那时的孩子信息量少，对老师是崇拜的，把老师的话当成圣旨。现在乡村孩子也是人手一部手机，信息时代孩子的视野开阔，对老师存有质疑，所以教师要进行平等的对话式教育，要把尊重放在第一位，以理服人，孩子心服口服才会亲其师、信其道。

教育内容一定要满足社会发展的要求。中国的发展可谓日新月异，这就要求教育的步伐要能跟得上发展，我们的教学内容、班会主题教育、校园文化等都要满足社会发展的需求，因为我们是为社会培养有用的人才。一个时代有一个时代的培育目标，作为乡村教师只有了解社会发展的需求，才能培育出社会需要的人才。

教育热情不能冷却下来。现在乡村学校45岁以上的教师占到4/5，我们学校的教师平均年龄46岁，教师群体逐步中老年化，我们的脑力、体力都在逐步衰退，而我们的学生依然是朝气蓬勃的，我们只有保持一颗热诚的心，教育才会焕发出青春活力。拥有一颗童心，才会拉近与学生的距离。

27年来，我踏踏实实在一线教学，兢兢业业干着本职工作，用真心、耐心对待每一个学生。做到公平、公正，对于学生来说相当重要，同时我也在努力学习先进教育理念。想着当年规划的教师生涯，今日未能全部实现多少有些遗憾，但总的来说我无愧于教师这个职业，无愧于党员的这个称号。27年来没有轰轰烈烈的事迹，没有波澜起伏的人生，只有平平淡淡中的不忘初心。

## 理论点评

点评人：汪明博士

看完鲁迎华老师的《我与母校共成长》，我感慨颇多，尤感“两个注意”——注意乡情的双重性和注意理论的价值性。

首先，注意乡情的双重性。人类的认识恰如盲人摸象一般，容易触及局部就推及整体，陷入片面化认识。事实上，人类的认识正是在片面化泥泞中挣扎着匍匐前进的，在此过程中也可能会出错、倒退，但最终还是从片面逐步过渡到较为全面的。对此，唯物辩证法强调指出，“人们对于一个具体事物，经过由实践到认识，由认识到实践的多次循环，克服了种种错误，最后达到了主观和客观相符合”[1]。在乡情之于教育这一问题上，有人认为乡情之于教育是单向度的纯正面、积极影响，有人认为乡情之于教育是单向度的纯负面、消极影响。事实上，乡情之于教育是既有积极、正面影响，亦有消极、负面影响的矛盾的存在，因此我们既要看到乡情的正面性，也要看到乡情的负面性。鲁迎华老师的真实案例向我们形象地展示了这一点：一方面，因为是乡里乡亲，作为教师肯定会受到大家的支持、善待，平时遇到什么事也好与家长沟通、解决；另一方面，恰恰因为是乡里乡亲，又会承受其他教师不会承受的负担，如感觉倘若教不好都不好意思见乡亲、朋友。此外，有些调皮的学生也会因为老师是熟人甚至亲戚，故意捣乱，这是乡情中不可避免的。对此，作为老师要全面、辩证地看待乡情，并充分发挥自己的主观能动性，尽可能地化弊为利。

1 李达主编：《唯物辩证法大纲》，人民出版社，2010，第394页。

其次，注意理论的价值性。文中鲁迎华老师提到自己在工作后不久就意识到教育理论的重要性，并试图通过刻意学习来巩固、提升自己的理论素养。可以说，鲁迎华老师还是很有眼光和见识的，刚工作不久就意识到理论的关键地位和重要作用，这是很难得的。当前，在一线教师群体里流行一种“理论无用论”，弥漫着轻视甚至无视理论的气息。在这些老师看来，理论是无用的，作为教师学不学、懂不懂理论是无关紧要的，重要的是实践，必要的是实践性知识。恰如有研究者指出的那样，“以理论知识学习为旨趣的学院式教师专业发展路径因忽视实践需求而饱受诟病。随着课程开发的兴趣在新兴的实践模式和经典的目标模式之间的此起彼落，由施瓦布等倡导的实践模式开始备受教育研究者的推崇和教学实践者的青睐。教育领域逐渐生发出‘实践优先’的教师专业发展逻辑”[1]。但我们要注意的是，熟知未必真知。作为教师，实践固然重要，但理论也不可或缺，我们要高度重视并积极提升自己的理论素养。在此有必要指出的是，我们要对理论有科学认识、合理期望，现实中老师多希望理论能为自己“提供GPS导航式的工作指导”[2]，并能产生立竿见影的效果，倘若理论做不到这两点就说明理论是无用的。事实上，这是对理论及其作用的误解与误判。理论之于实践的作用在于为其提供指南针似的方向性指引，而非GPS导航式精准性指导。

---

1 朱文辉:《理论知识是可有可无的赘物吗？——对“实践优先”教师专业发展路径的质疑与反思》,《课程·教材·教法》2018年第1期，126—131。

2 王本陆、汪明:《关于教师教育教材质量标准的理论探讨》,《四川师范大学学报（社会科学版）》2021年第5期，160—168。

## 学生点评

点评人：李晓畅

循着理想的星光，我们才能跳脱一己得失，眼界更远、胸怀更大，找到一个更持久、更深刻的生命出口。

鲁迎华老师在文章中以时间顺序讲述了自己从出生、上学、工作到与教育事业结缘并发展的故事。她写到了少年时期考入师专的顺利，青年时期初登讲台的稚嫩，成熟时期对待班主任工作的游刃有余。不可否认，尽管文笔朴素写实，但每一个阶段及在当下做出的每一个选择，都对今后作者的发展道路产生着蝴蝶效应，都是人生中不可多得的精彩篇章。鲁迎华老师用心地在每个阶段都穿插着吸引人心的小故事，这些故事和案例让读者十分沉浸，在阅读的过程中或悲或喜。

不管是什么样的孩子，还是身处在什么样的时代，我和作者的想法最后都默契地达成一致，那就是，教育不是万能的，教师忌神化自己，忌渴求改变任何一个人。当然，这一点除了拥有一线教师的工作感悟和总结支持，也有大量的学术领域的理论支持。

有个东西，它与工作环境无关、与所在城市大小无关、与学生质量无关，需要顺时而变、因时而新，它就是教师本身的教育理念。国之大计，教育为本；教育大计，教师为本。鲁迎华老师也在文章里强调："教师的教育理念决定了课堂教学方式，我们教师的观念不更新，教育改革就甭想推进，思想变了，行为就会发生变化，社会在发展，社会需要的人才就会发生变化。"教育的重要性对于大至国家，小到一个家庭，都是不言而喻的，故教师理念的发展更新与教育自身的发展也紧密相关。

毋庸置疑，当今时代的年轻人正负重前行。在有形无形的束缚之下，按自己的个人喜好选择专业、走上工作岗位、开创事业成了很多人的奢望。于是，年轻人似乎忘记了当时做出选择的原因，忘记了自己坚守的初心，忘记了自己原本的热爱。功利主义在现实世界里大行其道，裹挟与暗示超越了激情与理想。一代人有一代人的征程，我们应该秉持“只有热爱能迎万难”的信念，和无数正在怀揣理想，预备进入教师队伍的年轻人一样，很幸运的是，我找到了自己的理想。让越来越多的孩子在同一片蓝天下共享教育，通过知识改变自身命运，是我们每一位教师的毕生坚持。

对教育的热诚之心不能泯灭。它是一种能够让你持久兴奋、以苦作乐的事情，而为了它激情奋斗、甘于奉献，就一定会留下温暖、充实、无悔的回忆。热爱不可或缺，它其实也是一种能力，一种素质，更是一种“让生命产生价值和乐趣”的信仰。

# 乡情中的教育

北京市延庆区十一中学
祁燕

## 一、生在小山村，长在乡情里

1980年冬，我出生在延庆区一个比较偏远的半山区张山营镇小河屯村。在我之前，这个家里已经有了5个女孩，我的降生给这个家庭带来了巨大的压力，所以我便被父母送了人。

从我记事起，我就只知道我是现在这个家里的独生女。我的养父从军队转业后，成了当地一家工厂的科长，养母则是一个本分、善良、勤劳的农村妇女。在这个温馨、和睦的家庭里，我一天天成长起来。从小我就感觉到父母对我的期望很高，要求也很严格，他们希望我能够成才，这样才不会愧对我的原生家庭。我就这样成长起来，要强成为我性格的底色。

## 二、“美丽”碎花裙下的乡情教育

8岁那年，我在我们镇上的沈家营中心小学开启了我的小学生涯。因为是中心校，办学条件、师资力量相对来说比较好。从一年级开始，老师留给我的印象都差不多，严厉、不苟言笑、认真谨慎，直到四年级开学，学校里来了一位“张美丽”老师。第一次看见她，她穿着红色的碎花裙，梳着高高的马尾辫，大大的眼睛好像会说话。当她站在我们班的讲台上，成为我们班的班主任时，我们整个班的孩子别提有多开心了，自此，我们班成了幸福感最强的班，而张老师的出现更增添了我在学习生涯中的浓浓乡情。

印象最深的是，张老师带着我们全班，去爬我们那里一座矮小的山头——金牛山。我们一个个手拉手，互帮互助爬到了山顶，那一刻，那种快乐的感觉，直到现在都令我记忆犹新。我还记得当时我们班有个极不听话的男孩子，恰好他和“张美丽”老师还是一个村子的。他有一段时间经常不来学校上课，于是张老师就带着我们几个班干部直接去他家了解情况。他一听我们来了，就把头蒙在被子里，怎么也不肯出来。不过之后他就不经常缺课了。

从那个时候开始，我就很佩服我们的张老师，一个那么漂亮的老师，对学生就像对自己的孩子一样，我长大也要像她一样做个好老师。自此，“张美丽”老师就在我心里种下一颗美丽的种子，一颗“长大做乡村教师”的种子。

六年级时我们班换了一个男班主任，他姓郭，教语文课。他的课堂上乡土气息很浓重，他讲课抑扬顿挫，有声有色，还特别幽默。我非常喜欢上他的课，还做了语文课代表。令我记忆深刻的是，郭老师每天一放学就到马路沟里去搂落叶，回家当柴火烧。他还养了很多牛，我记得我们去他家里玩儿的时候就看见院里圈着好多头牛。不过他从没有因为这些耽误给我们上课。他的纯朴，他的幽默，他对教学的认真及对我的关心，也深深印在了我的心里，其实也对我后来选择学语文、教语文产生了潜移默化的影响。

## 三、“6班”的逆袭，激励我向着教师的梦想一路前行

小学就这么过去了，1994年，14岁的我顺利升入我们镇唯一的一所

中学——沈家营中学读书。我被分到了初一（6）班，孙桂荣老师的班。我们班的学生是由沈家营小学和八里店小学的学生组合而成的，一开始两所学校的孩子总是显得格格不入，班级里矛盾重重。解决这一切的就是孙老师，她是一位数学老师，说话干脆利落，办事更是雷厉风行，从不拖泥带水。她带着全班同学骑自行车去她家摘李子，我们几乎吃光了一棵李子树。她还带着班里的男孩子去和别的班的男孩子讲理，当然班里犯错误的孩子也会被请家长，所以大家对孙老师都是又爱又怕。不过值得骄傲的是，我们班不光数学成绩有所提升，整体成绩都有提升。我们班是6个班中考出去最多的一个。

对于我个人而言，孙老师也给予了我很多。我从来都是一个做事毛躁的丫头，孙老师偏让我负责收各种费用和材料。一开始，我不是收钱收少了，就是把人名写漏了，每次孙老师都说："丫头啊，做事要细心，别毛毛躁躁的。"然后她会自己把不够的钱补齐，我心里就一次次下决心一定要把这个工作做到完美。后来，我做老师后，收钱从来没出过错，我想这就是一位纯朴且严格的乡村教师给我培养的好习惯吧。

## 四、师范学校为圆我"乡村教师梦"添上最浓重的一笔

初中毕业填报志愿，父母的一致意见是报师范学校。那会儿上师范第一就是给转户口，每月能拿固定工资，是很稳定的职业。我父母觉得我比较适合教师这个职业，而且我的成绩也属于中上游，正好能够着分数线。

那会儿，街坊邻里谁家孩子考上了师范，大家就会觉得这孩子有出息，就跟这会儿考上一本似的那种感觉。我学习不属于拔尖儿的，当时我父亲就觉得我如果上高中的话，将来考大学的时候有可能考不了特别好的一本，还不如这会儿上一个中专，好找工作，起码将来能养活自己。我那会儿毕竟想得还少，就觉得我要考出去了挺给父母争光的，起码没

有丢父母的脸，村里的叔叔、大爷问起来时也挺荣光的。

记得那是5月的一个清晨，我来到师范学校面试。一进校门就看见一条笔直的甬道，两侧黄色的迎春花和粉色的桃花掩映在翠柳之中，这样的校园美极了。正在我沉醉于眼前的景色时，只听见一串叮叮当当的声音渐行渐近。我一抬头，眼前的画面让我惊呆在那里：一群留着板寸，穿着白色衬衫的少年，手捧统一的饭盆，排着队向食堂的方向跑去，他们的脸在晨光中是那么透亮阳光。我想，这就是青春该有的样子，这也是我想要成为的样子。从那一刻起，我就更加坚定了上师范的决心。

1996年9月，我如愿考入我们县城的师范学校，从此开启了3年的师范生活。我上师范这3年真的一直都特别努力，这3年应该是我成长和成熟的一个阶段。一个懵懵懂懂的女孩子，在3年的师范生活中逐渐变得成熟了，学习了很多东西，不再荒废日子，励志将来要胜任教师这份工作。

在师范这3年，我一直参加管乐队，学习了单簧管。因为我本身就喜欢音乐，小时候没有这个条件，所以在师范第一次接触单簧管这个乐器，我是十分欣喜的。3年里，单簧管一直陪伴在我身边，在校管乐队的集训生活更是给我增添了很多乐趣和机遇。我们跟随着管乐队参加了各种比赛和仪式，得到了锻炼。学校每学期举办的艺术节更是给我们搭建了展示的平台，唱歌、跳舞、指挥、弹钢琴，我所有的潜能和优势在这里得到了最大限度的发挥，我的自信也是在这里一点点增长的。听上一届师哥师姐们说，如果到三年级毕业的时候乐器考过中央音乐学院相应的级别，比如单簧管考到六级，你就有资格保送首都师范大学，进入“首师大管乐队”，这个消息又燃起了我的大学梦。我特别想考首都师范大学，因为我想走出去，想上真正的大学。这个目标一直支撑了我3年，除了好好学习文化课，就是认真练习单簧管。三年级快毕业的时候我的单簧管考过了专业学院的六级，当时我就特开心，我就想我终于有资格保送了，因为当时只有两个同学考过了。

可就在这个时候，学校突然发了通知，说这届没有保送名额了，因为中专学历已经不能满足当老师的要求了，我们这届整体都要脱产进修。那会儿正好赶上我父亲面临下岗，我们家有一些困难，不再有那么优越的条件了。我感觉到我们家的负担一下子变重了，感觉到父母的焦虑。我当时就想，如果我执意要考学的话，那未来的两三年，我会到城里念书，这样的话生活费、学费都是问题，会给父母增加压力，我心里就有点儿不忍。还有就是脱产进修能挣600块钱工资，一下就给家里减轻了很大的负担，于是我就跟随着大家参加脱产考试了。就这样，我又上了4年的本科。

在脱产进修的4年里，有3年是由首都师范大学的教授来学校为我们授课的，授课内容和在校大学生一致，分配后边工作边学习。3年的在校学习中，我结识了很多优秀的教授，也学习了很多科目，在不断的学习中，我觉得自己的精神世界日渐丰盈，自己的教育信念也慢慢树立起来了。我想，要做个好老师，一定要让自己先成为知识渊博的人，才能提升未来乡村教学的水平。所以我认真听课、记笔记、复习，看各种各样的书籍，我的学业成绩也总是名列前茅。3年转瞬即逝，很快到了分配的日子。

分配大会在学校礼堂举行，当时公布的第一批是县城中学，我一直期待着听到自己的名字，可是直到最后我的名字也没有出现。我想，也许分配在县城小学了，再等等。结果从县城小学，到川区中学，到川区小学，直到山区中小学都公布完后都没有我的名字，我当时急得快要哭了。就在我快要绝望的时候，我听到“延庆十一学校祁燕”，我愣住了，脑子里在想十一学校是个什么样的学校，怎么从来没有听说过呢？直到校长跟我谈话后，我才知道十一学校是我们县城新建的一所九年一贯制英语特色校，我心中虽然满是疑惑，但欢喜也自不必说，此刻我终于成了一名教师。

## 五、承载着浓浓的乡情和“十一”一起成长

2002年7月，我被分配到延庆十一学校，报到的那天我才知道原来学校还是一片空地，校舍还没有建起来。当时，我们只能一边借校上课，一边参加建校劳动。

2003年9月，我们的新校舍终于落成，孩子们顺利进入崭新的教室学习。我不但要教语文课，还兼任了班主任工作。我迎来了我的第一个班和我的第一批亲学生。我到现在还记得，周六我和孩子们一起把教室布置得像一个幼儿园，可爱又温馨；我和孩子们一起排练短剧，去参加展演；我们在合唱节上以一首《挥着翅膀的女孩》赢得台下一片喝彩。就这样，我和孩子们一起度过了快乐又奋进的两年，他们要升初三了。我找到校领导主动提出来，我不跟初三了，因为我怕没有经验，在初三关键的一年不能给他们最好的指导。就这样，我告别了我的第一届学生，现在想起来我是有些后悔的，我自认为我的离开是为了他们好，可当时的我却不知道我的退出给孩子们带来了很大的痛苦。我想如果当时我和他们并肩作战，共渡初三难关，我们各自可能都会收获更好的自己。

接下来的几年我就开始按部就班地接班、带班了。印象比较深刻的是2010年我生完女儿后接的那个班。因为班里的孩子大都来自乡村，家长素质参差不齐，原生家庭赋予了孩子们质朴和善良的本性，但同时也使他们形成了很多不好的习惯。班里有一个很像男生的女孩，军训时她便成了这个班里的头领。我想“擒贼先擒王”，就从她下手吧。军训时她所在的那个女生宿舍乱得很，赶上雨天不能训练时，我想让她们整整内务，谁知道我站在宿舍门口说了三遍，其他几个女生吃着零食看着她的脸色一动不动。我想这是我和她的第一次较量，不能输哇。就在这骑虎难下的时候，雨停了，教官吹响了集合号，她们从我的身边蹿了出去，

留下我一个人在那个脏兮兮的宿舍里。我满是委屈满是气愤，可是能怎么样呢？面对这样的宿舍我能做的就是先把它打扫干净，于是我清理了宿舍的垃圾，然后将几个女孩子的被子叠好，把她们床下的鞋子、脸盆里的香皂毛巾都一一摆好。收拾完之后，我感觉整个宿舍都清爽了。做完这些之后我没有马上离开，而是找了纸笔，坐下来给她们写了一张便条，把我内心的想法告诉了她们。我想可能是我的真诚触动了她们心底的那份纯真，再来到她们宿舍的时候，她们能够将宿舍打扫干净，坐在床边认真听我说话了。自此，我发现了文字的力量，于是我就经常在作业本上给孩子们写留言，尤其是她，每次给她的留言都能写一篇或半篇以上。她每次一拿到作业本就会先去翻看那密密麻麻的红字部分。我觉得我和她在一点点地交心，她也彻底被我“俘虏”了。后来，她有什么事都会和我说，虽然她还是经常犯错误，但犯错之后会和我坦白、道歉。最后，我顺利地把她送进了高中。

再后来，我们的十一学校和另一所新建的初中校七中合并了，变成了全区规模最大的一所九年一贯制学校，有学生2000多人。这次合并对学校来说是一次不小的考验，对我们这些老师来说也是新的挑战。原十一和原七中的孩子各占一半。原十一的孩子大都来自城乡接合部，而原七中的孩子全部来自延庆偏远山区。这样的两所学校合并在一起，一开始学生们真的是格格不入，矛盾重重。在我接手的初二的一个合并班里，有个叫小雨的原七中的男孩，他会带着一小部分山区孩子和原十一的孩子对抗。而我作为这样一个复杂班级的班主任，首先要让他们感受到平等的关爱，让他们有安全感和班级归属感。9月的第一次运动会，我把两所学校的四个男孩组合成一队，并且把小雨安排在男子接力的最后一棒，他说他不行，我说你可以的，最终我们班男子接力、女子接力都取得第一名的好成绩；元旦联欢会上我们表演《葫芦七兄弟》，我让小雨演老七，他说他不会，我说我教你，结果这个节目成为全场笑点最多、最火爆的节目。慢慢地，他开始信服我，开始融入这个班，不再满身带刺，和所有的同学都处得很好。后来，为了让他能更好地学习，我建议他父母在学校外租房子陪伴他学习。这样一来，他有了父母的陪伴后变得更加踏实，有释放自己的空间了。就这样，我们顺利度过了初二，初三选科分班，他留在了我的班里，最终我也将他送入了高中的校门。

2019年，我再次中途接了初二（9）班。很多老师向我投来了同情的目光，因为这个班初一就更换了两位班主任，班里的情况可想而知了。我第一次和他们见面时，站在讲台上没有人在意我，都在自顾自地说笑玩闹。每天跑操时，24个班在操场上一眼便能看到我的班，他们像一群虫子在那儿扭动着、抽搐着。我想这要是倒退几年，我可能会被活活气死，可能每天都会在那儿声嘶力竭地“镇压”。但是如今已快40岁的我，没有力气再那样大呼小叫了。我终于体会到，带这样的班，得慢慢来，状况不是一下子就能扭转的。于是，每天下操回来我都会告诉他们我的苦恼和我的希望，他们有血有肉，有情有义，当他们看到自己的班主任那么真诚却又那么难堪的时候，他们开始改变了。我想这正是在乡村的成长经历给我的力量！

面对这个班，我依然重视文字带来的奇迹。每天，学生们的作业本就是我的阵地，我在本子上写得最多的是鼓励、赞赏、表真心的话。而他们给我的惊喜就是他们居然喜欢回复我，本子不再是我一个人的阵地了，而成了我和孩子们沟通的秘密基地。我忽然意识到，他们之前获得的表扬和赞许太少了，他们大都活在批评中，所以当有一天他们被肯定，他们的内在潜能便被激发了。我的小9班越来越听话，越来越自信了。

我觉得我做教师的初心一直没有改变过。当老师之后，我发现我真的挺热爱这个职业的，虽然很艰辛，但是我一直热爱，我一直都觉得做教师是件骄傲的事。我有了女儿后，女儿也觉得妈妈是老师她特骄傲，她也特别想当老师，天天在家模仿我，或者跟我去学校的时候进班看着哥哥姐姐们学习、读书、打扫卫生。她说：“妈妈，我长大就想当个老师。”我说：“你考个首师大的音乐教育系，当个音乐老师，别当班主任，太累了。”她说：“不，妈妈，我也得当班主任。”我带她出去的时候，总会碰见一两个我的学生，有时候遇见毕业好久的学生依然很亲切。我女儿就说：“妈妈，你看你多好，走在哪儿都有你的学生。”我想这就是乡村教师这个职业赋予我的幸福和荣耀吧。

## 六、乡情指引我回到生我的那片土地

也许是冥冥中的缘分，2019年9月，因为城乡交流我暂时告别了十一学校，来到了张山营学校。来之前我听说乡属校学生少，管理松，来之后我才发现一切并不是我想象的那么简单。

和我一起来到学校的还有一位新校长，这位新校长快人快语，雷厉风行，一看就是个实干家。我刚一来就被委以重任——担任初三年级语文教师兼一个班的班主任。40个山区孩子用陌生而质朴的目光审视我，他们的心里一定在想：她有我们之前的班主任好吗？我用温和而坚定的目光给他们以回答。我们之间没有太多的熟悉时间，马上投入紧张的初三学习中。原来艰苦的日子会让陌生的心很快地走到一起。新校长给我们初三立下了军令状，必须冲出后五名，必须打一场翻身仗，让张山营学校一炮而红。这样明确的目标，一下子激发了老师们的斗志。我们没日没夜地和学生们摸爬滚打在一起。学生们被校领导和老师的全情投入所感染，他们也是走到哪儿学到哪儿，一下课办公室就挤满了学生，跑步的间隙也停下来背几个单词，甚至去大课堂时学生们都带着背书的小纸条。就这样，经过我们一学期的同甘共苦、努力奋斗，初三上学期期末我们取得了全区第九名。

一切好像都在意料之中，但突如其来的新冠疫情却打得我们措手不及。孩子们完全被隔离在家，校领导和初三老师从大年初三便开始运作云端课堂，大年初八云端课堂正式上线。一开始大家都觉得这种形式很新鲜，所以课堂效果还是不错的，但时间长了孩子们开始意识到，云端两头，只听声不见人，没人知道他在做什么，于是孩子们开始浑水摸鱼，甚至是“人间蒸发”。在这样的情况下我们开始家访，每个周末我们都会开车穿行于张山营镇的各个村落，站在村子的大门口，等着和孩子们见面。我们会带着篮球、跳绳，带着复习卷子、参考资料，挨家挨户地送；我们每周都会苦口婆心地和孩子们谈自主学习的重要性，中考的重要性；我们在网课中更是挖空心思想办法，让孩子们感兴趣，学得实。就这样，功夫不负有心人，我们的一模和二模成绩在全区名列前茅。2020年7月24日，延迟了一个月的中考如约而至，我们九年级老师每个人都穿上了红色的T恤，在考场外排成一排，为每一个考生加油助威。结果也正如我们所料，这一届的考生以全区第八的成绩，扭转了张山营学校多年的排名靠后的地位。

2020年9月，我再次迎来了张山营学校九年级的两个班。不同的是，学校再次更换了一位新校长，两位校长的风格虽然不同，但目标却一致，我们的新任校长依然提出这一届和上一届相比只能前进不能后退的目标。任务的艰巨只有我们初三老师清楚。这届虽然只有两个班，但是却有61个学生，而且这61个学生两极分化极其严重，中等学生几乎断层。再加上初二下学期经历了漫长的网课，基础极其薄弱，行为习惯也懒惰散漫。我们初三老师经过商议，决定将这61个学生分为3个班，这样我们每个人一周的课时多的甚至能达到二十几节，但是为了孩子们，为了学校排名，再苦再累我们都心甘情愿。就这样，每天平均不少于5节课，要有早午晚自习，还要陪着孩子们练习体育，我们每个老师的身体都有些吃不消了，但是当看到孩子们那不可磨灭的斗志，我们就会咬牙坚持，与孩子们并肩加油。

我们班一共30个孩子，有2个女孩在初二时承受了父亲突然离世的悲痛，8个孩子生活在单亲离异重组家庭，6个和爷爷奶奶留守在家。原生家庭的复杂性，导致他们物质和精神上的双重匮乏，我要让他们得到关爱，得到肯定。初三的生活是枯燥的、单调的，所以我会花心思给孩子们一些小惊喜。小组比赛中获胜组的零食大礼包，年终大奖费列罗，小寿星们的小红包、精心准备的小礼物，都会让孩子们开心一阵子。班长闯进年级前十，我送给他一个他一直想要的黑金大篮球；我和小乐也约定如果能冲进年级前十五，就送她一块考试专用手表。疫情之下简单的元旦联欢，孩子从神秘盒子中抽取大冒险惩罚，看着他们很容易就被满足的简单快乐，我觉得我还可以做得更好。新学年初，我给每一个孩子戴上一只"小牛角"，送上"大吉大利"红包，祝愿孩子们新的一年收获满满。快中考了，孩子们压力大，我带着他们到操场上踢毽子、跳皮筋；去玉渡山拍照、野餐；六一儿童节给他们买冰棍、西瓜；和他们一起玩儿拓展游戏，一起收养流浪猫。6月24日早晨，我们早早来到了考场外等待着孩子们，目送他们自信地跨进考场。成绩出来后我们相拥而泣，所有的努力都没有白费，所有的孩子都有了他们各自最好的去向。

我特别感谢我这两年的交流生活，因为我从2002年来到十一中学，一直到2019年，在这个学校工作了17年，我当时就感觉我已经缺乏生机和活力了。而当我来到一所乡村学校后，这里的领导、老师、学生家长身上所特有的纯朴气息一下子感染了我，让我忽然就有了斗志和干劲儿，我要将我这浓浓的乡情全部回报给生我的这片土地。在十一学校的后几年，除了教学，还要自己带班，所以对于其他的工作我总是很抵触。然后来到张山营学校，一切感觉都轻盈了，一切都是新鲜的。虽然当时压力也挺大的，但更觉得是一个新的挑战，我就想我一定要把这个班带好，我不能给我们学校丢脸，也不能丢我自己的脸，我一定要把张山营的孩子带好。况且张山营还是我的家乡，我回来回报我的家乡，一定要把家乡的孩子带好。

## 七、承载着乡村教育的使命，未来的路继续

2021年7月8日，我们在张山营学校的礼堂举行了隆重的毕业典礼，

同时也宣告了我在这里的工作即将告一段落，我又要回到十一学校继续新一轮的工作了。

回到十一学校，我迎来的又是一个初二（9）班，又是一个问题多多的班级。我已经做好了充分的思想准备，虽然学生们的问题很多，但我不会急于要求他们做出改变，我会带着他们一点点慢慢来，我会睁大我的双眼，用心去捕捉他们的闪亮之处，给予肯定，让他们先能悦纳自己，再去欣赏他人。

我是一个土生土长的农村孩子，生活和学习都包裹在那浓浓的乡情中。这份乡情教会了我做一个质朴善良的人，做一个积极上进的人，做一个懂得回报的人。我也会带着这份乡情，继续投身到家乡的教育事业中，让家乡的孩子们从乡情中汲取养分，返璞归真。

## 理论点评

点评人：贺文洁博士

《中国乡村儿童发展报告2021》从乡村儿童事业创新发展助力乡村全面振兴的角度提出，要以建立多层次、基础性和普惠性的乡村儿童发展支持体系为远景目标。实现儿童发展的城乡均等化，儿童福利与保护水平更加先进，城乡儿童教育和资源更加均衡，乡村儿童的成长环境更加良好，乡村儿童的获得感、幸福感、安全感更加深切。看了祁老师的教育叙事我真切地感到，乡村教师定是乡村儿童获得感、幸福感、安全感的重要来源。

“张美丽”老师在童年时期的祁老师心中种下了“美丽”的种子，童年时的祁老师享受着这份“美丽”，是一位快乐的少年。快乐的少年受到“美丽”的浸润，生发出快乐且笃定从事教师职业的“大树”，此后这棵“大树”一直在努力地向上生长，学成后，又回到乡村为乡村儿童输送雨露、播撒阳光。读了祁老师的故事，我更想谈谈乡村教师对乡村儿童的影响。

培养“整全的人”是教育的理想追求，让我们的孩子有素养、有信仰一直是教育所追求的目标。然而，将乡村儿童培养成“完整的人”却面临诸多困难。乡村儿童面临复杂的社会环境、多元文化价值观而缺失家庭的正确引导时，其社会化的正常发展、心理的健康成长等方面深受影响。像“张美丽”、祁燕老师这样的乡村教师成为乡村儿童素养和信仰发展的“月光”，照亮孩子的内心，也照亮孩子前行的方向。

人的生成是精神的生成，儿童时期的人文精神作为一种精神的母体孕育着成人的精神。[1]乡土文化和乡村教育是构建乡村儿童健康精神生活的支柱。对于精神世界需要滋养的乡村儿童而言，乡村文化犹如一泓清泉，可以丰盈他们的精神文化，滋润其生命内涵。乡村教师作为乡村儿童构建精神生活的核心引领者，在乡村儿童的身心成长和精神成长方面有着不可替代的优势。因为乡村教师会比父母和祖辈更容易走进他们的精神世界，对他们的情绪情感、认知学习、身心发展，以及思想道德发展等有更多的了解。就像祁老师所讲，自己从一个毛毛躁躁的丫头到做事细心的人，从被“叫嚣”到感化，以及一次又一次作业本上的留言等，可以看到每一次都是精神引领，每一次都是以情育人。因此，我们不仅要给予乡村儿童同等的教育机会，更要关注如何给他们一种积极健康、全面发展的教育，以促进他们的精神发育与人格生成。[2]乡村教师作为与乡村儿童接触密切的人，理应成为教养他们的主体，引领他们的精神生活走向丰盈，使他们以一种积极、健康、快乐的姿态面向未来生活，而像祁老师一样的乡村教师，正是乡村儿童快乐的源泉。

## 学生点评

点评人：丁金宇

古朴的房屋，整齐的小院落，初升的朝霞伴着偶尔传来的鸡鸣狗吠，这是能勾起很多人温馨记忆的乡村。在这样朴实而厚重的环境中，祁燕老师完成了从一个新手教师到一位坚定、勇敢扎根乡村的成熟型教师的转变。祁燕老师的成长历程散发着清甜又苦涩的乡村气息，因为有了无数和祁燕老师一样脚踏实地投身乡村教育的教育工作者，才渐渐使乡村

1 丁海东:《儿童精神：一种人文的表达》，教育科学出版社，2009，第132页。

2 刘铁芳:《乡土的逃离与回归：乡村教育的人文重建（增订本）》，福建教育出版社，2011，第445页。

教育不再是贫瘠的、庸俗的，而是热闹的、有灵性的。

榜样教师奠基教育情怀。在祁燕老师的童年，出现了两位对她影响较大的老师——张老师和郭老师。张老师穿着红色的碎花裙，扎着高马尾，当这样一位漂亮的“姐姐”站在讲台上时，可以想象当时讲台下孩子们心生向往的心情。不仅如此，“张美丽”老师的教育方式也是充分贴合“乡情”旨趣的——带孩子们去爬山、带着小班干部们一起去叫经常缺课的孩子上学，她在许许多多的孩子心里种下了“美丽”的种子。郭老师也是一位有个性的老师，他幽默风趣又脚踏实地。带着成为这样的教师的期许，两位各有特色的老师已经在她的心里种下了一粒教育的火种。

师范教育涂绘教育梦想。师范学校是每一位老师的技能训练场，更是专业理想起步的地方。在祁燕老师的青年时代，周围的亲戚朋友以及她自己都以能够上师范学校为荣，她在师范学校的几年是真正开始成长，逐渐成熟的几年。这段时间，她全面提升了自己的综合素质。教授们的博学深深地感染了此时还是预备教师的祁燕，她的恒心和坚持让自己的精神世界越来越充盈。

躬行实践承担教育使命。2002年，祁燕老师作为一名教师正式登上了乡村教育的舞台。在延庆十一学校，她在实践中获得了充分的经验。如何把控课堂、如何管理问题学生等，这些都是令年轻教师们感到十分头痛的教学问题。面对基础不够好的学生，祁老师面临着巨大的压力。

善用情感力量，是祁老师的成功经验之一。她和学生共同经历重要时刻、给学生留言，让学生渐渐打开了心扉。是的，每个孩子都有内心最柔软的地方，教师一旦触及，将会使学生做出很多原本看起来不可能的改变。在这个过程中，祁老师和学生们彼此之间建立了深厚的情谊。

此外，祁老师还充分建设和依靠班集体力量。她察觉到班级里有两股相互对抗的小团体时，没有直接批评和说教，而是通过合适的集体活动赋予每个人足够的安全感和归属感。从相互抵触到一起在元旦晚会上登台表演，祁老师帮助原本敌对的孩子建立起珍贵的同窗情谊。

在不精致却无比鲜活的乡村中，孩子们有充分的时间和空间接触鲜花、草地、泥土。所以，乡村教育有其独特的“乡情”作为特色，不应完全向城市教育靠拢，而应该涵养其独特的文化特质。而像祁燕这样深耕于乡村教育的教师正犹如乡村中的月光，将鼓励引导更多有志于“乡情教育”的青年教师回到自己的家乡，长在泥土中，却可以于云端里写诗。

# 乡情中践行教育

北京市延庆区康庄中学

王艳艳

生在长城脚下，长在妫水河畔，延庆，是生我、养我、育我的地方，也是我倾心、尽心、用心回报的家乡。

## 一、农家生活的快乐和求学的梦

我是在幸福温馨的四口之家中长大的幺女，爸爸、妈妈、哥哥都对我极尽宠爱。父亲年轻时是“连丰”京剧团的一名武生，之后分队务农，后来他又去了延庆肉联厂工作，肉联厂解散后他又成了一名农民。我是在爸爸工作闲暇时的戏曲声中长大的。所以从小我就被老师夸奖多才多艺，我的音乐天赋很大程度上是得到了爸爸的遗传。

在农民家庭中长大的我，从小就要做农事干农活儿。“呼唤携锄至，安排筑圃忙。儿童眠落叶，鸟雀噪斜阳。烟火村声远，林菁野气香。乐哉今岁事，天末稻云黄。”小时候跟着父母满地跑，认识了各种植物，也熟悉了各种动物。随着年岁渐长，我在田里不再是摘野果子、抓蝈蝈，而是帮忙撒种、抢墒、锄草、掰棒子、捡土豆，这些便成了我青少年时期节假日的必做工作。每次汗流浃背、身心俱疲的时候，我的父母总不忘在旁边教育我说：“好好学习，以后找一个好工作，只有你自己能改变自己的命运。”那时，“一定考出去”深深扎根于我幼小的心灵。的确，在80年代初的农村，生活相对贫瘠落后，很多家庭都还吃着玉米面，穿着打补丁的裤子。想要改变这种窘迫的生活环境，只有考出去，有个铁饭碗，才是唯一的出路。而更多的农民，是希望通过考出去，当一名教师，改变家乡落后贫苦的经济状况，那是一种乡情中的期盼……

## 二、中小学生活奠定我为师的梦

我的小学是小丰营中心小学，那里是我成长的摇篮。记得小学时我就是老师的得力小助手，出卷子、印卷子都是我课余的主要工作，看着一张一张卷子从我手中刻出来、印刷好的时候，我特别有成就感。老师也经常让我判作业，我最喜欢判作业时钢笔水流到手上将手指染得鲜红的样子，这让我感觉自己成了一名小老师。作为小组长，老师还经常让我到同学家里去检查作业，记得前几年在同学聚会上回忆小学时的我，一位同学说我俨然是一位认真的小老师，一次他没完成作业，作为组长的我就在他家门口叫他的名字，说是要检查他的作业，他嘴里一边应付着"快写完了，快写完了"，一边写着作业，还一直用眼睛瞄着看我走没走。结果，将近一个小时，我就站在他家门口一直等到他写完作业。我想，作为一名教师的责任感应该就是这样从小被培养起来的吧。

小学时我还是国旗班的护旗手、升旗手，看着五星红旗在自己的手中冉冉升起格外自豪。升旗结束之后，我都会站在全校师生面前指挥师生共唱国歌。每到举办六一儿童节等大型表演活动，我都是学校活动的主持人。区县内一有演讲比赛或朗诵比赛，我就会被派出去参加。现在想想，作为一名语文老师，良好的语感和表现力就是在一次次的活动、比赛中逐渐被培养起来的。当时乡村教育带给我的荣耀是我一生的无限荣光！

上了初中之后，我成为下屯中学的一名学生。作为班里的学习委员和数学课代表，我依然活跃在班级和校园中。很多学生及家长对我印象都非常深刻，因为每一次家长会，我都会协助老师去完成。我的班主任陈老师在毕业手册上亲切地写道："你是我最得力的小帮手。"

老师的言传身教、率先垂范及对我的培养和教育，是我懵懂的植根家乡、回报家乡的教师之梦的摇篮。

临近中考，要进行中考志愿的填报和面试。和我成绩差不多的一些同学想报考卫校，将来做护士；还有不少学习比较好的同学准备报考师范学校，将来当老师。我也报考了师范学校，因为在我的心中早就有了做一名有担当、有作为的教师的梦。

## 三、师范学校是我为师的摇篮

考入延庆师范学校之后，我们有了更宽广的发展空间。师范学校给了我们很多亲自实践的机会，而且"一专多能"也是学校的校训。在师范学校就读的那几年里，我们每个学生都有很多东西要学习，如书法、绘画、唱歌、钢琴、乒乓球等。在这样一个卧虎藏龙的学校里，我们每个人都能找到自己的爱好，发挥自己的特长，但是师范学校更多的还是针对我们专业的训练。我印象特别深刻的是我的语文老师方秀刚老师，到现在我的脑海中一想到师范生活、一想到师范学习，就会想到方老师的课堂。作为一名老师，讲课、说话是基本功，方老师每节课都会让我们说很多绕口令，作为气息的训练。这些纯朴可爱的家乡的教师，让我感受到一名乡村教师的温情与魅力，让我找到了学习和模仿的榜样，同时也铸就了我以后在乡村教学中朴实的风格。

念完中专三年之后，本来我们是要分配到小学的，但是当时学校和首都师范大学联合办了一期脱产进修班。参加了进修班，学成之后可以教中学，如果能教初中的学生，那我们一定会引导、教育学生们考出去，那将是我们每个人的梦想和荣耀！所以当时只有少数的几个同学被分配到小学教书，其他的同学都进入首都师范大学在延庆师范举办的脱产进修班进行为期两年的大专学习。后来，又继续进行大学本科的继续教育的学习。家乡的教育给了作为学生的我以发展的空间和展示个人风采的舞台，而这饱含浓浓乡情的舞台，让我看到了扎根延庆教育的希望。

何其欣喜，延庆是我的求学之路上始终不曾离开的地方。朴实的乡情中氤氲着我为延庆教育事业奋斗的憧憬和期盼。乡情中的受教育经历，让我充满了要为家乡教育事业奉献的教育热忱。我们经常会梦到自己在延庆的某个学校里，和孩子们一起玩耍，一起学习，一起进步。家乡作为我生活的第一空间，那八达岭长城的一砖一石，那妫水河畔的一景一物，那喜闻乐见的乡情村事，那日新月异的家乡建设和变化，都让我感受到家乡浓浓的纯朴的温情。家乡的和风细雨，细细密密润禾苗，教会我温文尔雅、细语轻声、循循善诱。成长于斯，必将回馈于斯，因为心在哪里，哪里就有风景，就有我们执着坚守的梦。

## 四、努力成为一名优秀的教育工作者

带着无限的豪情，揣着为延庆教育事业奋斗终生的梦想，我被分配到了永宁中学任教。当时的永宁中学是一所完全中学，虽然规模够大，但却属于地地道道的农村中学。第一年我担任初二年级语文教学工作。初为人师的我，对教育教学还有很多懵懂的地方。固然有师父为我引路，但是很多时候，对于语文的教育教学还是有很多困惑和做得不到位的地方。“不忘初心，方得始终”，对教育的热情和对学生的热爱，让我和学生关系非常要好。我心里始终记得，他们，是曾经的我！我立志要将他们都培养成才，让我在延庆这片教育沃土中成就他人、成就自己。

第二年，我被安排担任初一的语文教学和班主任工作。班主任工作在我的心中是一份既神圣又重要的工作。还记得我第一次和学生见面，是一起参加军训，和学生一起吃、一起住、一起训练。需要规范发型时，我耐心劝导学生；学生想家了，我让学生用我的手机给家长打电话；有学生中暑了，我就给学生找来解暑药并时刻关注其身体状况。军训结束那天，我和学生一起坐在敞篷的卡车中，大包小包的行李散放在我们身边。车刚刚开上公路，一阵大雨从天而降，也许是在考验这个刚刚成立的集体，拇指大的冰雹噼里啪啦地倾泻而下。车辆一直在缓慢行驶着，我担心有的孩子会着急地跳车而造成伤害，也怕孩子们因为没经历过如此的场面心里害怕，就冒着冰雹，大声对孩子们喊着："大家不要害怕！快用脸盆、棉被盖住自己，保护好自己！大家千万不要跳车，一会儿就会过去！"就这样，我一遍一遍地喊着，也抓起行李中的脸盆被子等扔给身边没有行李的学生。冰雹调皮地打在我的手指上，打在我的耳朵上，打在我张开的嘴巴和牙齿上，真的是生疼，但我顾不上这些，我要照顾好这些孩子，确保他们的安全。几个女生看我如此执着地保护她们而弄得满身伤痕，嘤嘤地哭了起来，劝我："老师，您别喊了，快躲躲吧……"10分钟之后，雨过天晴。我和孩子们此时心贴着心，情系着情，已经成为一个真正的集体。我借此机会教育学生："风雨过后，方见彩虹，以后咱们这个班级一定会在我们的齐心协力中成为最温情、最出色的班级。"就这样，这个班级，我带的第一个班级，成为一个最听话、最团结的集体。那几个在冰雹中为我嘤嘤哭泣的女生，成了我最得力的助手和最好的朋友。节假日，我会带着她们去家访，家长也会亲切地留我们在家吃顿便饭；闲暇时，我也会带着她们一起到附近景色优美的地方去游玩。毕业后她们会和我相约一起游玩；她们结婚时我会给她们份子钱并送上我的祝福；她们现在也会偶尔与我聚会。班主任工作，让我收获了经历，更收获了情意。这个班的很多孩子都会在过节时给我送祝福。班主任工作，如此操劳，如此费心，而又如此幸福！

2006年，我调入延庆第二中学。在第二年，我遇到了我工作中的两位贵人，也是我的教学领导和教学搭档——陈跃华老师和杨鸿雁老师，他们一个给了我班主任工作的动力，一个教给我班主任工作的方法和智慧。他们告诉我"没有表扬的教育不叫教育，没有惩罚的教育也是失败的教育”的道理。在和两位老师合作的一年中，我快速成长着。就这样，我迎来了我班主任生涯中的大事件——代表学校参加了第一届班主任基本功大赛并取得三等奖的成绩，另外还获得问答和才艺展示的第一名。在这次活动中，我接触到了很多教育教学的新理念，认识到班主任工作中的智慧与魅力。确实，就如第一届北京市班主任基本功比赛的理念“专业、智慧、魅力”一样，班主任工作确实是一项需要具备专业的知识、专业的理念、教育的智慧、教育的情怀及个人的风采、个人的魅力的一项工作。在这段时间里，德育教研员辛计伏老师成为我班主任生涯中的又一位贵人，她用她专业的教育知识、理念，智慧的育人方法和个人的魅力给我以帮助，给我以引领。直到现在我耳畔还能响起在备战比赛前她的谆谆教诲和嘱咐，也记得比赛后她语重心长的建议和期待。她是一位师者，引领我在班主任道路上一路前行；她是一位贴心的大姐姐，总是在我遇到困难时贴心地宽慰，耐心地指导；在闲聊时她也总是用她轻松的话语给予我生活上的启迪。

我所带的班级一直是名列前茅，2007—2010年的初三（2）班被评为校级优秀班集体、县级优秀班集体、北京市优秀班集体，而我也在2010年被评为延庆县八达岭长城杯优秀班主任和北京市紫禁杯优秀班主任一等奖。2015年，我还被评为延庆区学生最喜爱的班主任。

在教学上我也遇到了三位领路人——王书祥老师、杨彩云老师和陈瑞雪老师。王书祥老师培养我承担区教研活动中的作课任务，并成为中心备课组的主要成员。王老师指导我运用读写结合的先进教学理念完成了《石壕吏》《荷叶·母亲》等全区示范课观摩，同时，由他指导的多篇课例获得区级及市级奖项。还记得王老师在听课后满意而充满期待地对我说“有两把刷子”时我内心的喜悦和默默下定的决心：一定不辜负教研员对我的殷切期望！杨彩云老师后来也成为我专业发展道路上的领路人，她说：“我就是认真！机会都是留给有准备的人的！”她还说：“教学工作就是一件用脑子想、用心教的事。”教诲如在耳畔，鼓舞早已深入我心。陈瑞雪老师像一位知心朋友，她总能用她爽朗的笑声和真挚亲切的鼓励催我上进、促我成长，匆匆半年的合作，在分别时，她给我写了一封信，用文字记录了一位教研员对乡村教师的情谊。在三位教研员的引领下，我用心备课，努力打造高校课堂，真抓实干，狠抓优秀生和“边缘学生”，我的教学成绩在学校一直首屈一指，在全区亦名列前茅，多次受到区教委的表彰。2011年，我还被评为延庆区优秀教师、延庆区师德标兵。在家乡教育的沃土上，我勤恳付出，将我全部的热情和对教育的热爱，奉献给这片生我养我的土地。我是乡村教师，我更希望家乡的学生都能学业有成。所有的付出都会值得，所有的辛劳都会变成幸福。

## 五、都市中乡村教师的夙愿

作为北京延庆的教师，我们鲜有机会去感受都市生活的霓虹闪烁、高楼林立，感受更多的是乡村特有的清新空气、风景如画的山水美景和质朴可爱的延庆人民。隔着一座山，便隔着一层先进的教育理念和丰盈的物质生活，所以，我们所面对的学生，大多数是乡村甚至是山村家庭中的一员。乡村教师是一个光荣又普通的职业，担负着传播知识、普及教育、培育农村人才的基础工作。尊师重教是中国人的传统，但是从另一个角度看，乡村教师的生活环境、工作条件比起城市要差许多，会遇到不少城市人难以遇到的困难。我们这些乡村教师，在日常工作中，任劳任怨、辛勤耕耘，之所以能够在平凡的岗位上做出突出的成绩，与我们对待工作和生活的态度是分不开的。我们要以最美的乡村教师为目标，关心爱护每一个学生，做到一切为了学生。我们选择在农村教书，心底总有一种强烈的声音犹如战鼓在回响：通过我们乡村教师的努力，看到一个学生的改变，甚至是一个家庭的改变，一个家族的改变。因为学生的努力，到最后家庭的生活、经济状况发生了翻天覆地的变化，让整个农村有更快更好的发展，这些都是我们作为乡村教育者最大的理想，最美好的梦想。我们接受乡村教育，并不断充实自己奉献给乡村的教育事业。其实我们乡村教师的工作，也是在缩减我们和北京其他城区的差距，就是通过我们的努力，让我们农村经济发展得更好一些，这样的话无论是物质，还是精神文明，能够和北京其他城区达到一致的水平。近年来国家举全国之力发展乡村教育，加大对教育的投入，作为农村教师，我又有何理由不倾尽全力呢？

有一种人生，没有经历过就不知道其中的艰辛；有一种艰辛，没有体会过就不知道其中的快乐；有一种快乐，没有拥有过就不知道其中的纯粹。正如我所从事的教育教学工作，虽然艰辛但却伴随着无限的快乐，虽然饱含着泪水却也响彻过雷鸣般的掌声。用心付出，用爱育人，是一名教师的职责，而内心中能成为他们喜爱的教师的欣慰、自豪，也是我人生最大的收获。我也将在延庆这片教育沃土上继续全心付出，以情育人，培植希望，成为让更多学生喜爱的教师。让更多的学子，在我的教育和引领下，奋勇向前，用属于延庆人民的纯朴与乐观、自信与勤奋，开拓出延庆的一片天！

## 理论点评

点评人：贺文洁博士

“何其欣喜，延庆是我的求学之路上始终不曾离开的地方。朴实的乡情中氤氲着我为延庆教育事业奋斗的憧憬和期盼。乡情中的受教育经历，让我充满了要为家乡教育事业奉献的教育热忱。”乡村是养育王老师的地方，也是她工作后一直生活的地方。在童年时，她认识了各种植物，也熟悉了各种动物，更对乡村的人有了深切的情感。王老师的叙事也将我对乡村的记忆带回了童年，我想我与王老师在此生发出了共鸣：乡村是乡村教师情感最饱满的来源，因为我爱这片土地和生长在这片土地上的人，热爱的情感从家庭到工作，从亲人到孩子。也正如王老师所讲：老师的言传身教、率先垂范及对我的培养和教育，是我懵懂的植根家乡、回报家乡的教师之梦的摇篮……

王老师的热情和投入，那种极其想帮助自己的学生成才的心情深深地感染着我，因为在王老师身上我读出了教育的价值，那就是，帮助一个人以一切可能的方式去实现他自己，成为实现他自己潜能的主人。[1]从这个意义上来讲，教育是一项值得用毕生精力去从事与追求的事业。由此，教师的使命感在王老师身上生发：国家和社会赋予自己的教书育人、奉献教育事业、培养人才的职责、任务和要求的感知、理解、认同以及内化的心理体验，[2]不断产生独特的热爱、坚韧，最终让学校中的王老师干得特别“漂亮”。

---

1 联合国教科文组织国际教育发展委员会:《学会生存——教育世界的今天和明天》，教育科学出版社，2000。

2 廖传景、毛华配、杜红芹、张进辅:《中小学教师职业使命感的结构与测量》,《西南大学学报（自然科学版）》2014年第3期，160—166。

因为热爱，所以享受；因为热爱，所以坚守；因为热爱，所以孜孜不倦。我在研究生的课上请同学们分享对王老师教育叙事的感想，同学们反映都很积极，更有一部分学生很受感动。学习教学是一项最富有认知性和情感挑战性的活动，当我们的研究生沉浸在事例中时，他们会产生不易被激发的隐性经验，这也回应了劳蒂所讲的学徒式观察，[1]职前教师情感的感染与培育需要有真事例、真情实感，当让他们观摩王老师的教师情感时，也许乡村教师的种子已经在他们心中萌芽，也许更深厚的情感已经被他们反思与理解，这对于我来说是又一次被“教育”的过程。从乡村儿童到教育乡村儿童的乡村教师，王老师的“乡村教师情”让我们既感动又敬佩，并会激励着更多的青年教师投身于乡村。

## 学生点评

点评人：李嘉文

雅斯贝尔斯曾说，教育是一棵树摇动另一棵树，一朵云推动另一朵云，一个灵魂唤醒另一个灵魂。在阅读了王艳艳老师的文章后，我觉得王老师自己深刻地践行了这句话。

纵观全文，我认为教育是要有爱的，父母般的爱，手足般的爱，朋友般的爱。如今的教育理念是以人为本，这样人性化的教育方式更需要有爱。正如母亲不会因为孩子的美丑存在偏袒和私心一样，作为老师，一定要做到一视同仁，尊重、信任、理解、热爱每一个学生。老师的爱应该是一种博爱，爱每一个学生，关心他们的各个方面。同时，老师应该让学生自己看到自己点滴的进步，体验进步成长的快乐，增强继续进

1 Lortie, D., Schoolteacher: A Sociological Study(Chicago: The University of Chicago Press, 1975).

步的信心，尤其是乡村教师，要立足本质，对学生献出一片爱心。通过学习，我深刻体会到，作为一名教师，要以无限的真情去关爱，去感化每一个学生的心灵。但教育并不是只要有爱就可以的，要使学生全面发展不是件容易的事。教师专业素养的高低决定着教育质量的高低，所以教师不仅要关爱学生，还要有过硬的专业素养。在教育教学中，教师的专业素养的培养并不是一蹴而就的，它是一个不断发展、不断创新、不断提升的过程，是一个与时俱进的动态过程，是教师个体和群体共同追求、奋斗的前进历程。

我认为，教师要学会从教学中打造提升自己的教学方法，然后形成自己鲜明的教学特色，在课堂教学中追求最高效的教学效果，力求使每一个学生都有最好的发展。随着教育整体水平的不断提高，特别是随着新课程改革的不断深化，对教师综合素质和教育教学能力的要求越来越高，只有提升教师的专业素养，促进教师的专业成长，才能适应新课程改革的需要，才能提高教育教学质量。

和这些最美乡村教师相比，身为一名师范生，我平时所做的、所学的是远远不够的。在今后的教育职业生涯中，我将在先进教师及其先进事迹的启迪和鼓舞下，树立正确的荣辱观，努力增强“学高为师，身正为范，教书育人”的教师使命感，不断强化自己作为一名教师应有的责任心。

精神凝聚力量，榜样引领方向。既然我们选择了教师这一行，我们就要用我们的激情，用我们的爱心把这份光和热永远延续下去。

# 心随我动 “辛”然幸福

北京市延庆区大柏老中心小学
辛波涛

## 一、贫困家庭走出来的教师之家

### 想象不出的贫困

20世纪70年代初，我出生在延庆一个贫困的农村家庭。一至三年级我是在村小念的，直到四年级才转至五里地外的中心小学就读。当时家里唯一的交通工具是爸爸不知道从哪里淘来的二手自行车，那辆自行车的模样至今还印在我的脑海中，首先是“残疾”——没有右车闸；其次是经历过“二次手术”，车把中间的位置有一个突兀又难看的“疤痕”——焊接点。如果颜值满分十分的话，它也就是四五分吧。即便它的面目“丑陋”，但还是被我觊觎了很久，终于在一个午后，我不顾爸爸上班的需要，偷偷骑着它上学去了。骑到学校，我怕老师同学看到车子丑陋而笑话我，就把车子藏在一个很不起眼儿的角落里，放学时还不敢随着放学的人流走，直到大家都走光了我才敢出校门。我因为偷车事件挨了爸爸一顿骂，当时有点儿不理解，直到自己为人母后才懂得了当时的父亲，尽管他因为女儿不体谅他上班的辛苦而生气，但内心更多的却是对没能让女儿有更好的生活条件的愧疚。其实无论生活条件如何，父母都不必觉得愧对孩子，因为每个父母都是在竭尽所能地给孩子更好的生活。

**教师之家**

虽然家庭贫困，但妈妈一直很重视对我们的教育。那时候，身材娇小的妈妈在大队干活儿只记半个工分，她和爸爸一起承担起家庭生活的重担，她让我们坚持上学，再累也不让我们姐弟帮忙做家务，好让我们有更多的时间学习。弟弟中考不利，妈妈宁可选择辛苦劳动也坚持让弟弟复读一年。次年，弟弟顺利考入高中。高考后弟弟的大学录取通知书迟迟未到，妈妈坚持让弟弟复读，复读一个月后，在补录时，弟弟幸运地被首都师范大学大专预科班录取，最终成为一名人民教师。幸运的是，在那里，弟弟遇到了他今生最对的那个人——弟妹。

而我，中考顺利考入师范学校，同样幸运的是，在这里我也遇到了在人群中让我多看了一眼的那个人——高我两届的学长。当然，那时的我还不知道我与他能有后来的故事。听到这里，细心的你可能会发现，我和我的弟弟、弟妹、老公都是教师，更让我没想到的是，我的公公从部队转业后也进入了教育系统。可见我与教育是多么有缘分。

## 二、漫漫求学之路

**义务教育阶段**

记得我小学六年级时的张金路老师和刘世纪老师非常善于引导、激发我们的学习动力，他们经常鼓励我们走上讲台给他们讲课，这种方式既帮助我们巩固了知识，又给我们种下了“教师梦”的种子。为了提高计算能力，题海战术在那个年代十分盛行，我不知道做了多少道计算题和应用题，在中考时，我们两个班60人中的4人考入当时的延庆二中，也就是现在的延庆一中，而我以2分之差没能上延庆二中，去了沈家营中学。

在沈家营中学，操场上有我不惧严寒酷暑、无论风里雨里苦读背诵的身影，自习课上有我因为攻下一道难题而开心的笑脸。我曾代表学校去县里参加英语竞赛，获得了二等奖，这大大地激励、鼓舞了我！

经过3年的努力，我以6科总分554分的好成绩，顺利考入提前招生的延庆师范学校。我们沈家营中学有16人考入延庆师范学校，接近10%的升学率。我即将成为人民教师，对于我们全家来说是多么无上荣光的事！“教师梦”在这个时候已悄然萌芽。

**幸福的师范生活**

1991届延庆师范有两个普师班，每班40人，音乐班、幼师班和体育班各一个，每班30人。

那时候身为普师的我们一方面要重点学习语文教学的技巧，另一方面还要学懂学通数学教学的算理，并且要用科学且浅显易懂的教法让学生理解并接纳。相对于枯燥乏味的语文、数学教学学习，音体美课程一直备受大家青睐。在艰苦的岁月里，教室里的一架钢琴独受恩宠，一下课大家就会“抢”钢琴。由于我坐在第一排，总能抢占先机，“霸占”钢琴。

音乐班和幼师班的学生3~4人用一架钢琴，比我们40个人守着一架钢琴条件要好了不知多少倍。到临近毕业的那一年，学校成立民乐队，我和几个同学报名参加了扬琴的学习。当时的乐器需要自己购买，买扬琴要300块，我一边央求老爸老妈，一边以“预付”的方式从一个同学那里以“二手”价格购买了一架扬琴。半年后，这架扬琴才真正属于我。上班后，我利用周末的时间，骑车20里路回延庆师范学校去学习，就这样坚持了一年。当时觉得如果再晚几年出生就好了，就可以有更好的学习条件，能学到更多的技能了。现在回味起学生时代，生活已然改善了许多，学习上也是学有所成，感到自己还是很幸福的。

**艰难的自考路**

1991年毕业参加工作后，我不甘于中专学历，开始了长达8年的成人自考之路。工作之余就是自学，没有休闲，没有娱乐，只有一门心思学习。

初期，我自己一个人闷头啃书本，勾画重点，后来知道北京师范大学有考前辅导班，为了能通过考试，我毫不犹豫地报了辅导班，每次去上课往返需要4个小时车程，不过我坚持了下来，并顺利通过了各科考试，最终取得本科毕业证书和学士学位。

## 三、一道填空题

初为人师的我固然有着一腔热情，却也带着我学生时代的教育痕迹，一味地实施“简单粗暴的强势填鸭”式教育，然而新时代古灵精怪的孩子们，让初任班主任的我手忙脚乱。“一道填空题”事件让我对教育恍然大悟，那具有历史意义的一幕虽然时隔多年，但在我脑海中依然清晰。

“×××，你给我站住，不许跑……”距离教室几步之遥，一道刺耳的声音穿墙入耳。预感不妙，原本迈着四方步的我不禁快速倒腾着小短腿儿直奔教室。前脚才迈进教室，就听见“哐当”“哐当”两声巨响，两张课桌在我面前相继倒下。我怎么也没想到，就一个课间10分钟的时间，学生们竟然送给我这份“声效+视觉盛宴”。不用问，准是又有几个孩子在教室内追跑打闹了，我的心情一下子糟糕起来，这几天我三令五申，狠抓的可就是这个问题呀，没想到还是有人敢往枪口上撞，真是气得我头疼，恨不得就这样劈头盖脸批评他们一顿，好好出口气。当时我的脸色估计是要多难看有多难看，我怒目缓缓环视了一圈儿，那几个学生不知什么时候悄没声地扶好桌椅，蔫巴出溜地挪回自己的座位上了。这几个孩子，有的头越埋越深，有的抑制不住地相互偷瞄，旁边一个没忍住幸灾乐祸地笑出了声，然后做出一副无动于衷、无所顾忌的表情。我的心里咯噔一下，我不禁问自己：我要的只是他们那毫无意义的“我错了”吗？我要的只是他们那隔靴搔痒的“对不起”吗？我要的只是他们那形同虚设的“下次改”吗？他们的内心会有所触动吗？他们真的能理解我的良苦用心吗？

我强压住火气，脑子在飞速运转着。灵光一闪，我想到了南风效应的故事，为何要做那个简单又粗暴的北风呢，何不让充满智慧与温度的南风来帮帮忙？时间似乎静止了一分钟，一分钟后我在黑板上写下了这样一道填空题：有同学在教室打闹，辛老师想________。我示意学生来填这个空。底下一下子举起无数只小手，有人说：“辛老师想，怎么还有人不遵守纪律？不想上学就别上了！”我愣了一下，这是我差一点儿就脱口而出的话，现在听来，怎么会如此刺耳？又有人说：“辛老师想，怎么回事啊？是这几个同学又忘记辛老师的要求了呢？还是有什么别的原因呢？”我的脸上有点儿发热，竟然连原因也没问清，就打算动用老师的特权来“杀鸡儆猴”。“辛老师想，还是再给他们一次机会吧，下次再做得不好就不原谅了。”有很多孩子抢着说。是啊，他们是宽容的，更是充满了鼓励与信任的。于是，我请一个在教室打闹的孩子来做这道填空题，他说：“辛老师想，我真失望呀！小明一定是忘记了老师的叮嘱了吧。”说着他忽然站得笔直，极为真诚地对我说：“辛老师，今后我一定改正，您相信我吗？”我朝他笑笑，让他坐下去。之后整节课中他的视线再也没离开过我。后来又陆续站起来几个不遵守纪律的孩子，他们都对我说对不起，希望我看他们今后的表现。

我轻轻擦掉黑板上的填空题，说：“我们开始上新课吧！”孩子们懂事地大声喊：“好！”我发现那几个打闹的孩子这节课听得格外认真，他们是在用行动跟我说对不起。

一道填空题让我看到了孩子们的宽容、真诚与童真，是啊，他们毕竟还是十几岁的孩子，一味地苛责倒不如停下脚步，陪着他们一起成长。这不仅是孩子的成长，同时也是老师的成长。

教师自身的完美主义特质，不该转嫁到孩子身上，接纳、鼓励、信任并爱孩子，孩子在爱与信任中获得足够的安全感，自然会安心地放开自己，成为更好的自己，那一道填空题，犹如一道惊雷，惊醒梦中人；又恰似一座灯塔，照亮我前行的路！

## 四、心育之路的光芒

曙光出现在2007年，这一年我积极主动地参加了北京市中小学心理健康教师上岗培训，这一闻所未闻的学科再次激起了我的好奇心和求知欲。经过半年的网络学习和集训，我最终获得上岗资格证。2019年我再次参加了北京教育学院与延庆教科研中心共同举办的北京市中小学心理教师辅导能力提升培训等各类培训，我都不惧辛劳积极调课参加培训，从未缺席一次，并在2019年第七届“成均杯”小学心理教师基本功大赛中获得北京市一等奖。对这一学科的掌握，也在我后来的教育工作中发挥了关键的作用。

30年的教育坚守是我最长情的告白，怀着让心理健康教育走入每一名学生内心的初心，我开始了我的特色教育。

活动异彩纷呈——体验“家庭”团结之乐 。“一花独放不是春，百花齐放春满园。”每次新接手一个班级的开学第一天，都会开“新的家庭诞生啦”的班会。“班级是我家，‘幸福’靠大家。你去擦黑板，我来把地擦。他把‘家’美化，欢笑满天涯。”这样的激励性语言在班级中唱响。集体意识不仅仅反映在开学第一课，更体现在孩子们接下来参加的各式各样的团队活动中，孩子们在这些活动中感受到大家庭的幸福与快乐。

第一，重体验：心理活动助力团结意识。必须要说的是心理游戏，在“多米诺骨牌”中懂得了“宽容别人是给别人最好的礼物”；在“人椅游戏”中体会到“你希望别人如何待你，你就怎样去待别人”的黄金法则；“打开手链”让孩子们面对纷繁复杂的问题，意识到持之以恒的那份坚守是制胜的法宝；“急速60秒”更是让孩子们在有限的时间里一起开动脑筋，感受到最终取得胜利的成就感。在多彩的心理游戏中，孩子们逐渐强化了“家庭”意识，为团结助力，孩子们通过真实的体验加深内心感受，这比起简单枯燥的说教更有说服力。

第二，乐奉献：志愿活动形成团结行为。不得不说的是“志愿服务”活动。学校的食堂里，有我们班级志愿者忙碌的身影，帮低年级的小同学摆放餐盘；看到那么多被倒掉的饭菜便发起了节约粮食的倡议，让“光盘行动”得到落实；平北抗日战争纪念馆中，更有我们班级志愿讲解员的出色亮相，在那清晰又饱含深情的讲解中，带领大家感受革命先烈的英勇献身精神，再次感悟如今幸福生活的来之不易，在身临其境中受到了更为真切的爱国主义教育；垃圾处理是一大难题，尤其是在农村地区，结合当下的形势，走进社区对垃圾分类进行细致讲解、发出倡议，并以身作则，为家乡做出自己的一份贡献，让科学而绿色的垃圾分类成为引领潮流的新时尚。在一次又一次充满爱的志愿服务活动中，孩子们感受着奉献的快乐。

第三，美实践：游学活动养成团结习惯。参观国家博物馆，孩子们感受着伟大祖国的日益强大，感受着祖国带给我们的骄傲和自豪；参加狂飙农场和王木营种植基地的劳动，春天亲手种下菜苗、秋天亲自收获果实，体验着劳动带来的快乐，更感受到了“粒粒皆辛苦”；走进东城区崇文小学，在“同在蓝天下，我们共成长”的一日游学活动中，我们体验了崇文小学生动的课堂，在参与非物质文化遗产的课程中，感受到民族文化的博大精深，在与崇文小学师生的科技交流中锻炼自己，学到了本领，开阔了眼界，增长了见识。这些实践活动让孩子们越发体验到“家庭”成员间的密不可分，让团结从意识走向行为，又在行为中进一步形成团结的意识。

学校还举办了如“书香浸润童年”的读书活动、“世园花开我参与　冬奥冰雪我奉献　文明创城我先行”的主题教育活动等，区级书香班级、先进班集体等荣誉也纷至沓来。孩子们在这些活动中感受着无痕教育的魅力，享受着教育无痕的乐趣！孩子们也总是在期待着下一次活动的到来。孩子们的这份期待、这份快乐何尝不是我的期待、我的快乐呢？

信笺遍及角落——品味个人成长之乐。“大家庭”的成长与进步，离不开每一个成员的成长与进步。信笺，便是我与孩子们进行心灵沟通的至上秘籍，带着我满腔的真情开启那幼小的心扉。信笺不一定很长，哪怕是简短的一两句话，都会让彼此感觉不到任何距离，亲近而温馨。平时生活中的点点滴滴，一桩桩，一件件，都会是我们交流的话题。每每提起笔来，一张张可爱的面孔在脑海中闪现，一个个鲜活的人物闪亮登场，一番番娓娓细语、一腔腔满满热情从心底借助笔端流淌出来，何尝不是“未成曲调先有情”?

“此时无声胜有声。”优秀的孩子常受到方方面面的关注、赞扬，他们好胜、爱妒忌却又禁不起批评，而这些问题又常被其突出的优点所遮掩。我充分利用写信的契机来提示孩子，恰有“此时无声胜有声”的意境。

“小荷才露尖尖角。”当然信笺也会寄到那些活泼好动、灵活多变、优异的成绩总与之擦肩而过、好事也总找不到他们头上的特殊孩子手中。面对这些孩子，我总是睁大眼睛，挖掘他们身上的闪光点，让这最为璀璨的“星光”成为“燎原之火”，使其身上的不足和缺点逐渐消失，优点和长处不断扩大。

“众里寻他千百度。”那些学习平平，能力一般，既不出类拔萃，也不惹是生非的孩子更不容忽视，这个群体是老师平时比较放心却又关注较少的。给他们写信需要一双慧眼，“在灯火阑珊处”发现他们最强的一面，使之成为他们前进的动力。这又何尝不是老师煞费苦心地在“众里寻他”呢！孩子们每每收到我的信笺，也会用心地回我几句，或悄悄地放在办公桌上，或直接送到我手中，一转身笑着跑掉了。“辛老师，放心吧，我会努力改正的！”“今天是六一儿童节，妈妈给我做了好多好吃的，您也来吧！”这些信笺，虽然言简意赅，但是真诚于心；这些信笺，虽然质朴无华，但是发自内心！在这些信笺的往来中，孩子们在一句句鼓励、一声声宽容、一次次认可中逐渐成长，绽放异彩！个人与大家庭就这样在彼此成就与成就彼此中共同进步！

家校协同，共绘美好的未来。“一个好母亲胜过一百个教师，一个好父亲胜过一百个校长。”家庭教育是学校教育的有益补充，家长的大力支持配合会让教育产生事半功倍的效果。

请进来。在“半日开放”时，请家长走进课堂，让家长目睹孩子在课堂上的一举一动，亲历孩子在校的学习生活，感受到来自教师的对孩子们如同他们自己一般殷切而悉心的教育，赢得家长对学校、对老师的信任与肯定，让教育获得最大的助力。

走出去。通过传统的家访了解孩子原生家庭情况，以及孩子的成长经历，可以有针对性地因材施教，让每一个孩子都有成长和进步的空间，给教育注入强心剂。

搭平台。家长会上，传递给家长与孩子沟通的技巧，在家校良好而及时的沟通交流中，赢得家长的理解和最大的支持；亲子活动，更是让家长和孩子在活动中建立起良好的亲子关系，家长得到了最大的实惠，为良好的家庭教育打实基础。

多种形式的联系、携手，像给孩子的成长插上了一双有力的翅膀，在温暖翅膀的引领下，助力他们飞向美丽的蓝天，共绘美好的未来！

30年的坚守，坚守的是未来，是学生的成长。

农村的家长，大多没有太高的文化水平，而且每届都有不甚理解教育的情况。“比我上学时强多了，孩子能及格升班就行。”这样的话语出自农村家长口中简直就是稀松平常，甚至还有对自家孩子大打出手的，老师看到那些伤痕都倍感心疼。即便是这样的环境，我依旧对乡村教育满怀期望，虽然较之城区略有差异，但乡村中的那份纯朴让人温暖如春，乡情中的那份善良让人难以割舍。

**简易包装不简单**

“辛老师，我给每个孩子做了一个简易口罩包装袋，鑫鑫带学校去了，麻烦您给孩子们发一下。还有两个坐垫是给您和周老师的。”

2020年6月8日是四年级学生春季复课开学第一天，一大早我就收到了鑫鑫姥姥纯手工制作的珍贵礼物。居家时期，鑫鑫姥姥就曾向我表示，因为开学复课后学校要求孩子们佩戴口罩，她担心鑫鑫保管不好摘下的口罩，于是打算给他做个简易的口罩包装袋，又想着班里其他的孩子也面临同样的问题，就给每个孩子都做了一个。鑫鑫姥姥积极主动地“先老师之忧而忧”，这怎会不让我感动？更难能可贵的是能“幼吾幼以及人之幼”，这份大爱又怎会不让人为之动容？

鑫鑫的妈妈工作忙，鑫鑫常年由姥姥照顾。他身上男孩子的那种淘气，学校的老师同学有目共睹，三年级的上半学期，他和同学打打闹闹的小“事故”隔三岔五就会上演，我能解决的尽量不麻烦家长到校，遇到非请家长不可的大“事故”，家长都能非常积极地配合老师。鑫鑫姥姥嘴边最常挂着的一句话就是：“辛老师，鑫鑫淘气，您使劲儿管吧，打他都没事，我们不怪您。”鑫鑫姥姥一方面能够正确认识到自家孩子的淘气，另一方面也放心老师管理教育鑫鑫，因为她也深知老师再怎么严厉地教育都是真心为鑫鑫好，最终受益人是孩子和家长！

开学前，我经常利用下午时间与孩子们视频连线，检查孩子们上午空中课堂的学习情况，对于鑫鑫学习中所犯的不该犯的错误，我会很大声地批评，家长虽然能够听到，但不仅没有丝毫怨怼，在事后还非常理解地发来信息：“老师，让您操心了，学习上我们也辅导不了，您就多费心吧。”的确，家长的眼中看到的不是老师“疾言厉色”，而是老师对孩子的那份责任，家长看重的不是自己的面子，而是孩子的成长和未来。

鑫鑫姥姥珍贵而特殊的礼物，看似微不足道，实则是家校和谐关系的最好见证，一针一线缝制的是家长对老师工作、学校教育的肯定和感谢，一丝一缕编织的是家长对每一个孩子健康成长的祝福和期望。这样的认可与鼓励，使我与家长们的关系在良性循环中不断升华，也为我的教育教学奠定了良好而扎实的基础。

**“强势后援”卷土重来**

“辛老师，浩浩在大柏老村发出了倡议，我在大队部录了视频，效果还不错，又找了朋友在喇叭下也录了，只是外面人来车往，音质不很理想。”“辛老师，涵涵在团山村发出了倡议，音质还好，只是涵涵有点儿紧张，语速有些快，感情表达得不是很充分。”“辛老师，小帆端午佳节诵读经典的视频已经发送给您，请您查收，看看是否成功，不满意的话我们重新录制。”看着家长们汇报来的一个又一个消息，我在一一回复的同时，心里满是感动与感恩。

今年的端午恰逢延庆创建全国文明城区的“百日攻坚大决战”活动、垃圾分类全面实施时期，孩子们即使是居家线上学习，也不忘发起“端午佳节话倡议”的活动，他们走进社区、走进各个村委会，发出“垃圾分类人人动手、践行文明人人有责、防控疫情人人受益，养文明习惯、说文明话、办文明事、做文明人”的倡议。

看似是孩子们发出的倡议，而这“军功章”的背后更是给力的“强势后援团”——家长们的辛勤付出。活动过程中的精彩瞬间、孩子们点滴成长的背后是家长们忙碌的身影，有的家长甚至是多角度、多渠道进行记录。其中，捕捉的每一个镜头都是家长们独到的视角，更是对老师的积极配合；拍摄的每一个场面都是家长们特有的贡献，更是对学校的鼎力支持；录制的每一段视频都是家长们的共识，更是对我们教育的认可。

错峰开学后，我接手二年级的一个班，虽未谋面却已备好“见面礼”——口罩保管夹。二年级是受疫情影响最严重的一届，刚刚接受的养成教育被一场疫情损耗殆尽，升入二年级的他们一日常规一塌糊涂，于是我及时推出系列活动：让孩子们在“照镜子”中评价自己的“闹心”行为，立志加以改进；在同伴“手拉手”互助中互相监督，共同成长；在“我要长高”誓言中严格落实，不断提升。通过师生的共同努力，我们班在学校会操比赛中拿到了班级的第一个荣誉。孩子们为自己取得的成功而欢呼雀跃，我在自豪的同时，也更坚定了继续献身教育、书写新的教育故事的信心。

特殊时期，类似的故事还有很多，协同给力的家长后援团，与我一起共同开启教育小智慧，助力学生前行。家长们的支持和认可是教师前进的最大动力，更是给教师最好的嘉奖！而我，唯有化作春泥更护花！

## 五、思考

一路走来，我逐渐成长为北京市从教30年的优秀乡村教师、北京市紫禁杯优秀班主任、北京市骨干班主任以及延庆区心育骨干教师。回看30年的教育之路，教育之初有过急于求成，也做过迷途羔羊，但是好在终究步入正轨，体会到了教师的幸福与成就。诸多领导和前辈带领、鼓励、引导着我，让我感受到教师独有的幸福与快乐。以后的我，将闲庭信步体验浪漫教育生活，“漫步”经心感受温馨教育幸福。

未来，我还会迎接许多新的挑战，我有信心让我的教育生活更加绚烂多彩，因为我坚信功夫不负有心人！

我的教育故事还在写着，我的教育成长还在继续。

## 理论点评

点评人：汪明博士

看完辛波涛老师的《心随我动 “辛”然幸福》后我感慨颇多，对“三个重要”——家庭教育的重要、好老师的重要，以及家校协同的重要有了更深的理解。

家庭教育和学校教育、社会教育一样，也是一种基本的教育形式（或形态），是一个国家整个教育体系的重要组成部分，是儿童、青少年接受影响、教育和训练的基本途径之一。[1]家庭教育对一个人的影响丝毫不亚于学校教育，在一定程度上甚至可以说高于学校教育。文中，辛老师提到父母对自己的教育与影响，让人颇为感慨，父母扛下生活的辛与苦，竭尽全力地为子女创造学习条件，尤其是这段，“那时候，身材娇小的妈妈在大队干活儿只记半个工分，她和爸爸一起承担起家庭生活的重担，她让我们坚持上学，再累也不让我们姐弟帮忙做家务，好让我们有更多的时间学习”，让人泪目。

作为学生，倘若能遇到一位好老师是一生的幸运。在辛波涛老师的回忆中，我们看到不少好老师的身影，如小学六年级的张金路和刘世纪老师，他们既教学生时期的辛波涛老师知识，给予学习上的指导，又引导学生时期的辛波涛老师成长，给予辛老师人生上的指引，对辛波涛老师的成长、发展产生了重要的影响。值得称赞的是，辛波涛老师在长大后也成了一名老师，而且是一位好老师，真是“长大后我就成了你”，这是传承，更是希望。

1 赵忠心：《家庭教育学——教育子女的科学与艺术》（第三版），人民教育出版社，2017，第1页。

作为一名教师，不仅要自己干得好，还要能协同他人一起干得好，尤其是要能协同家长一起做好家校协同育人工作。对于学生的教育，虽然学校肩负着不可推卸的重要责任，但学生的教育不仅是学校一方的事，也是家长的事，倘若家长不配合，甚至还形成摩擦力、构成阻力，则会对孩子的发展与成长产生不利影响。为此，作为教师不仅要协同同事做好校内的教育工作，还要协同家长做好家庭教育工作。辛波涛老师回顾了自己的家校协同育人工作，这是很重要、必要的，值得广大教师学习。当然，做好家校协同育人工作需要教师具备相应的家庭教育指导能力，这是当前教师亟待强化与提升的底层能力。恰如有研究者指出的那样，“教师家教指导力是新时代教师的一种通识能力”[1]，当然，提升教师的家庭教育指导力一方面需要教师自己发力，如加强理论自学、实践反思；另一方面也需要外界的助力，如专题培训、同伴互助等。

## 学生点评

点评人：任媛

在阅读完辛老师的教育故事后，我很有感触，也由衷地敬佩辛老师。她能够从贫困的农村走出来，靠自己顽强坚韧的内驱力，以及对教育事业的热爱去实现教师梦想。在任教的30余载里，从未有过教师职业的倦怠、教师情感的内耗，有的是从一而终的幸福与快乐。辛老师之所以能够在教育行业中收获成功、感受幸福，我想主要是受以下两点因素的影响。

第一点是家庭因素。首先是生长环境，辛老师从小生活在农村，物

1 张竹林：《教师家庭教育指导能力建设论》，华东师范大学出版社，2021，第52页。

质相对匮乏。胡定荣教授在对影响优秀教师成长因素的研究中曾指出，农村学生选择读师范的比例要高于城市学生。也许只有从小习惯了寂寞和清贫，才能在这种需要高度丰献和低回报的职业中付出持久的努力。我想正是因为辛老师自幼的经历，形成了她坚韧的性格，她才能坚守在教师岗位上无私奉献。其次是家人的支持，辛老师的父母努力工作支持孩子的学业并引以为傲，这是她前进路上的动力。

第二点是个人因素。胡定荣教授在研究中指出，表面影响优秀教师成长的个人因素依次为教学研究与反思、专业学习、教改实践和教育理想与信念。

首先在教学研究与反思方面。辛老师有着对教育丰富和独到的见解，并形成了属于她自身个性鲜明的特色教育，无论是在活动教学中让学生感受着教育无痕的乐趣，还是在一封封信笺中流露着因材施教、公平育人的真诚，抑或是家校合作中以多种形式与家长携手助力孩子成长的决心，无不体现着辛老师对教学纵深的研究。同时，她能够及时反思自身问题并站在学生的角度思考，给予学生包容、鼓励和信任，巧用教学机智化解难题。教师也是人，也会犯错，及时反思自我，才是教师自我成长和发展的最佳路径。良好的师生、家校关系，融洽的课堂氛围才是教师幸福感的重要来源。

其次在专业学习方面。辛老师工作后不满于中专学历，于是她便开始了自考之路。工作之余的一切时间都用于学习，这期间辛老师的辛苦与不易，无人知晓，好在她凭借着自身的毅力执着地完成了学业。我们常说教师要树立终身学习的理念，因为只有通过学习，提升了专业能力与素养，才能为教师的良好发展奠定有力的基础。只有不断获取知识，充实自我，开阔视野，才能寻求到内心的富足，体味到教师的幸福。

辛老师虽然在自述中没有明确提出她的教育理想与信念，却在字里行间彰显着她的理想与信念，那就是在她感知教育幸福的同时也让学生及家长感受到幸福，与学生和家长构建良性循环的关系，一起携手共绘教育的美好未来。我想正是辛老师这30年来一直坚定秉持这样的教育理想与信念，她才能在教育成长之路上获得如此成绩，才能让学生和家长在她的教育故事里如此幸福与绚烂。

我们应该向辛老师学习树立终身学习的观念，不断提高自身专业素养，立足学生，及时反思，有责任，有担当，勇于实践改革，坚定教育理想与信念，以乐观积极的心态面对教师这份职业，乐在其中，享受教育所带来的幸福感。

# 扎根沃土　心向阳光

北京市延庆区珍珠泉小学

李宏霞

## 一、我的原生家庭

**慈父启蒙**

1982年2月，我出生于北京市延庆县白河堡乡北茨沟村，那是个山清水秀的小村子。村子小，人口少，只有十几户，村里民风淳朴。爸爸是白河堡粮库的职工，妈妈是农村妇女，爸爸的学历是初中，妈妈上到初二就辍学了。听妈妈说，爸爸还曾经在白河堡小学当过代课老师，后来才去了粮库工作。爸爸是循规蹈矩的老实人，爱看书写字，爸爸的毛笔字写得很娟秀，小时候一到过年，他就会备好红纸和墨汁，提前几天就开始写对联，然后村里的叔伯姑婶就都来取对联，全村的对联都出自爸爸笔下，想必那时候他心里是非常有成就感的，能为大家提供服务也是幸福的，所以说爸爸确实是村里的文化人。我想后来我这么喜欢读书，也是受他的影响。爸爸是一个很爱收集的人，家里所有的账单，我所有的奖状、准考证他都收着，非常细致，我和他开玩笑说："我上学的所有支出您都记着，是不是需要我都还给您呀？"爸爸说，他只是有记账的习惯。爸爸是个很节俭的人，他原本是爱喝酒、抽烟的，但是在我考上师范学校时，我听到妈妈对爸爸说，两个孩子都上学，钱紧了，于是从第二天开始，爸爸就再也没有抽过烟。

**慈母树德**

妈妈为了照顾我们姐弟俩和奶奶，一直没有上过班，她生活在农村，勤劳节俭，是村里读过书的女人里学历比较高的，所以她对我和弟弟要求也很严格，她的方法很原始，但是很管用，她总说，当农民辛苦，如果你们吃得了这份苦，就不要用心读书，但是如果你们吃不了苦，就自己想想要不要好好学习。每到农忙的时候，她都带着我和弟弟去地里干活儿，种土豆、种红薯、除草、掰玉米。几乎所有的农活儿我们都干过，在太阳底下晒得汗流浃背。从我小学时妈妈就开始让我烧火做饭，捞米饭、土豆焖饭、西红柿炒鸡蛋，这些我都会做。有时候爸爸去地里干活儿了，我就负责给大家做饭，在劳动中我深深体会到父母的不容易，也知道如果我不用心学习，就只能在大山里继续与黄土为伴。

## 二、我的求学之路

**艰苦的乡村小学**

1989年，我在离家13里的白河堡小学上学前班。因为学校离家太远，我只能住校，那时学校里没有暖气，只有土炉子，冬天手上和脚上都会生冻疮。一冷一热，冻疮就会钻心地痒，学习条件和住宿条件都很艰苦，但在艰苦的环境中，我的自理能力得到了锻炼。

在小学三年级之前，我的成绩平平，没和别人有太大差距，但到了三年级之后，我的成绩一直在向上攀升，小学的知识对于我来说仿佛没有什么难度，我一直是边玩儿边学的。到了六年级，老师和我说，我有机会考延庆中学。当时我并不知道上延庆中学意味着什么，老师给我和其他两个同学一起“开小灶”，我们的教导主任邹老师亲自辅导我们三个学生，每天要练习很多数学题。我的语数成绩都不错，体育成绩也很好，最终以体育特长生的身份考进了延庆中学重点班。到现在我还会常常想起当时的情景，很感谢邹老师。

**新奇的中学时代**

我在延庆中学读初中，我们这一批学生有8个班，一班到四班是重点班，五班到八班是普通班。刚到重点中学时我有些不适应，以前在小学我是学习最好的，但现在重点班我只能排在前15名，只要一放松成绩就会一落千丈，而班主任很负责，他讲课我们都喜欢听。在班里我是体育委员，喊口令声音洪亮、干脆利落，但是学习成绩却不是很理想。那时候从山区来到县城，感到城里的一切都是新鲜的。学校对面有一个书屋，里面有琳琅满目的课外书，我喜欢沉浸在这些书中，我的阅读量就是在那时候提高的。后来我考取了延庆师范学校，慢慢走上成为教师的道路。

**多彩的延庆师范生活**

师范学校的生活要比重点中学有意思多了，有各种各样的活动，按照以往的惯例，师范生在三年之后就可以分配工作，但到了我们这一届，中专学历已经不够了，需要继续报考其他的大专或本科师范类院校，所以在师范第二年和第三年的学习过程中，每个人都努力地学习，准备报考自己中意的学校，也为自己的知识储备打下了坚实的基础。我出于爱好，报考了首都体育学院体育教育系。

**进取的首都体育学院**

在考入首都体育学院的第一年中，我像一块海绵一样，疯狂地汲取知识。第一年的运动科目排得很满，而且每一节课都是90分钟，运动课占据了一天中2/3的时间。其实对于我来说，以前几乎没有接触过体操课，所以在课上我拼命地练习，想做好考试动作。在练习双杠肩倒立的时候，常常会因为控制不好下落速度而将腿重重地砸在杠上，那种疼痛无法形容，但是我知道这是我必须要掌握的，所以无论多疼，都要坚持下去。游泳课我们需要在3米深的泳池里游50米，在上游泳课之前，我从来都没有下过水，天生怕水的我一下水就全身僵硬。每次上课，我们班的同学练习半节课之后就在水里玩耍，而我因为游得不好，从来不去玩耍，而是一遍又一遍地游，后来终于克服了恐惧，能自由地游上两个来回了，当然考试也是顺利通过。我深知作为体育教育专业的学生，这些运动技能是我必备的。所以我没有资格叫苦，也没有资格放弃。

第二年的时候，文化课占比就多了些。有英语课、国防课、解剖课、心理课、思政课等，每一门功课我都喜欢，尤其是解剖学，真的很新奇，特别吸引我。两年的学习很快就结束了，我带着对未来教师职业的憧憬，奔赴了工作岗位。

## 三、我的工作时光

**回山区小学去**

大专毕业分配工作，我被分配到距离县城40多公里的一所乡村小学——黑汉岭中心小学。听到这个学校名字的时候我就猜到它是在大山里面了，果然，坐车坐了很久都还没到，过了一山又一山的感觉，和我的老家差不多远呢。虽然被分配到山区，但是对我奉献教育事业的初心并没有影响。初到这里，学生只有100多人，老师22位，都是年轻人，但是学校没有专业的体育老师，我是唯一一个，我给孩子们带来了许多乐趣，以前他们不知道什么叫前滚翻，什么是弯道跑，什么是蹲踞式跳远，也不会使用跳箱。在我的课堂上，孩子们释放了天性，学会了许多运动技能，在县运动会上，我们学校终于打破了许多年获奖零的记录。我们一起练武术，一起练越野跑，在五月鲜花文艺会演上，我带着老师们一起进行健身操表演，我的工作也获得了领导的肯定。

2003年12月，我参加教师培训，认识了我现在的爱人。我们当时分在一个学习组，他也是小学老师，在大榆树小学教数学。2005年，我们结婚了，2006年，我生下了我的儿子。

在我怀孕期间，正值上级要求上交自己录制的自编操视频，于是，我挺着大肚子在操场上带领学生跳自编操，校长经过时看见我这样被吓坏了，赶紧阻止我。临近预产期时，我在广播室里踩着桌子擦玻璃，浑然不觉危险，又是校长看到把我叫了下来跟我说："你快回家休假吧，这边交通不方便，万一要生产了，赶不回县城医院就麻烦了。"现在回想起来，很感谢我的老校长。那时虽然条件艰苦，但是我的工作热情却是非常高的，我曾经多次被评为优秀工作者，评优课奖项也不少。生完儿子回到工作岗位之后，我依然保持很高的工作热情。2007年，校长和我谈能不能接手德育工作，我当时没有犹豫，一口答应下来，于是，除了负责学校的体育工作之外，我还担起了德育工作的重担，在当时也并不觉得辛苦，虽然工作比较繁杂，但凭着工作热情和旺盛的体力，在工作中并没有感到力不从心。当时是每周18节体育课，周一上午开行政例会，下午开全体教师会布置工作任务，然后是查板报、查各班的各项常规打分、写材料、上交材料，当时县教委已经专门成立德育科，我要负责对接上级下达的各项任务。

虽然每天工作繁忙，但是感觉很充实，觉得自己所做的工作很有价值。2009年3月开始，由于黑汉岭小学的生源减少，县里决定撤掉黑汉岭小学，并入四海小学，有些教师的工作有所调整。校长问我能不能去珍珠泉小学帮助那边的校长搞德育工作。由于我平时就喜欢山区，从小生在山区，对山区有很深的情感，所以很爽快地答应了。

**去更深的山区里的山区小学**

我来到了位于山区里的山区的珍珠泉小学，校长是一个比较沉稳而人性化的人，懂得用人之长，也懂得如何激励老师的干劲儿。

有一次，我在替班主任看班，发现孩子们无所事事，于是我就找来一份试卷到教导处去复印，这时我们主任看见了，就说："你真负责任，你上师范的时候是不是读普师班？"我说："是的，普师班读完后上的首都体育学院。"他说："那就好了，你读过普师，那么当班主任肯定没问题。"当时我以为他在开玩笑，没想到第二天他就找我谈能不能当班主任。主任和我沟通的时候说明了目前学校的困难，希望我来试一试，于是我接下了三年级班主任的工作。

怀着对孩子们更大的责任心，我打开了另一扇门。虽然当时并不能和有经验的老教师相比，但是凭着对学生负责任的态度，并在老教师的帮助下，我的班主任工作逐渐有了起色。

从体育老师到班主任的角色转换，使我觉得我的责任更加重大了。孩子是父母的希望，他将在未来撑起一个家。而老师是孩子的伙伴和导师，要把知识传授给他们，要用正确的人生观去影响他们，是一个很重要的存在。我要用自己的所有热情去灌溉学生，浇灌出最美的花朵。

## 四、“后进生”的转化工作

从2011年到2016年，我一直担任三年级和四年级班主任的工作。其间最值得一提的是对“后进生”的转化工作。这些学生由于后天的环境与教育失误等因素出现学习成绩差、缺乏自信心的情况，还有着不良的行为习惯。他们的表现很大程度上影响着班级的班风和学风，作为一名教师，有责任、有义务，也应该有能力帮助、教育好这些“后进生”，使他们也能和其他学生一样健康、快乐地成长。

教育如果没有爱，就等于无水之地，爱是教育的基础，没有爱就没有教育，为师爱生是天职。在教书育人中，班主任要用爱心去教育学生，不论是优等生还是“后进生”，我们都要用满腔热情去教育他们，特别是“后进生”，更要“偏爱”他们。老师心中有学生，学生心中才会有老师。平时，班主任应该细心观察他们，了解他们的学习、生活和思想情况，在各方面帮助他们。为了走进他们的世界，我也尝试过一些方法。例如，经常利用课余时间和他们待在一起，谈一些他们比较感兴趣的话题，比如动画片、游戏、各种活动等，听一听他们的想法、要求、希望以及内心的“小秘密”。“亲其师”就会“信其道”，他们会感到老师是爱他们的，是真心帮助他们的，是为了他们好，自己不能让老师失望。一旦意识到这一点，他们自然会认真按照老师提出的各项要求去做。教师在关心爱护“后进生”的过程中，要用爱去打开“后进生”的心扉，激发他们的情感，促使“后进生”积极向上。只有感化，才能转化。

我们班有个学生叫小强，纪律散漫，经常旷课，无心向学。我经常找他说理教育，却都无法使他改变。一个周五放学后，下起大雨，他的家长有事没办法来接他，我就叫他到我办公室一起吃饭。他感受到了老师给予他的爱，我的话他也渐渐地听进去了。在那之后我经常找他谈心，让他明确了学习目的，端正了学习态度，从此再也不无故旷课了。没有教不好的学生，只有没教好的学生。只有真正关心“后进生”，真心同他们交流，才能得到他们的认同，转化才有可能。动之以情、施之以爱，关爱“后进生”是教育转化工作的基础和前提，班主任如果不关爱学生，师生之间缺乏共同语言，心灵不能相通，教育工作就难见成效。

俗话说，尺有所短，寸有所长。每个人身上都是有优点的。连大人都希望受到关注和表扬，何况是孩子呢？班主任都鼓励过学生，尤其是那些优秀的学生，但是回想一下，对于那些“后进生”，我们给了他们多少鼓励与表扬？“后进生”本来就自卑，得到的鼓励又少之又少，所以他们对自己也就越来越失望了。当你与“后进生”接触多了，感情深了，你就会发现他们身上也有许多闪光点，只是没有被发现。比如他们乐于助人、热情慷慨、思维敏捷、头脑灵活，或在某个学科上面有优势，如体育、美术、音乐等。此时，班主任要善于发现“后进生”的长处，发掘其潜能，充分肯定，别吝惜“好话”，这样更能够使“后进生”找回自我，获取战胜困难的更大勇气和信心。老师不光是要发现“后进生”身上的闪光点，而且要学会欣赏他们的每个闪光点，并不断地给他们以表扬和鼓励。平时夸一句“你真行”“好样的”“我为你而骄傲”，这对于老师而言是举手之劳，而对于那些一直受冷落的“后进生”，也许是一次心灵的慰藉。

一旦看到学生的进步，教师就应抓住机会，及时表扬其进步点。我们班中有个学生从来不做作业，一次做课堂作业时，我意外地发现他正一笔一画地抄写，我轻轻抚摸了一下他的头，当堂表扬了他的字写得不错。他满脸通红，抄得更认真了。当我把他的作业本展示给全班学生看时，他脸上的喜悦代替了平时的迟钝、冷漠。也许这一次的认真，只是他一时的心血来潮，他并没有想到会受到老师的重视。一次普通的表扬竟能在孩子心里产生巨大的激励作用。此后，他开始交作业了，虽然他的作文语句不通，练习常有错误，但每次作业都没有落下，他已在原有的基础上迈出了可贵的一步。一次小小的鼓励，可以成为“后进生”转变的契机。在不断的表扬中，“后进生”的自信心会慢慢建立起来。

伟大的教育家苏霍姆林斯基指出，“教师应该学会控制学生在教学过程中的活动，为此，教师应该善于形成学生必要的动机，教师应创造条件让‘后进生’在教学活动中获得成功感，以激发他们的学习动机”。自信心是挖掘“后进生”潜力的基础，树立学习信心，激发“后进生”的学习热情，并利用身边由差变优的学生的典型事例鼓励“后进生”不畏困难，刻苦学习，教师应尽可能为“后进生”创造成功的机会和条件，让他们体验到成功的喜悦。在课堂上让“后进生”多做些基础题，多多肯定和表扬他们，调动他们学习的兴趣，从而使他们增强自信心，激活学习动力。同时，也能帮助他们增强意志力，克服畏难情绪。

“后进生”转化，班主任不能唱独角戏，而是要将学生、家长、任课教师等多方联系起来共同努力。一般来说，小学生比较纯真，他们认为“后进生”会为班级抹黑，会丢全班同学的脸，因而不喜欢和“后进生”交往，这样便容易形成好的越来越好，差的越来越差的现象，为此我开展了“班级互补”活动，使同学们认识到“后进生”并非一无是处，只是他们遇到困难、挫折时没能正确对待，才走了弯路，只要同学们都能帮助他们，他们一定会为班级争光的。在安排座位时我也尽量让学习好的学生和“后进生”坐同桌，达到帮助“后进生”的目的。我还经常与家长通电话了解情况，共同寻找教育孩子的办法。在与家长联系时，要避免“告状”的现象，使家长看到自己的孩子有希望从而去鼓励支持孩子，而不是气急败坏地回家打孩子。与任课教师沟通，向他们了解“后进生”的情况和课堂表现，并对症下药，寻找转化的方法也是十分必要的。

2017年，我又回到三年级，做班主任和体育组长的工作。在这一年里，借助冬奥会的契机，延庆区大力推广冰雪运动。我们学校也开展了冰上运动——冰球和速滑，但是我们的冰场是在珍珠泉的河道上，是冬季的自然冰，当然还有冬季的冷风。第一年做冰雪运动，我并没有意识到身体会受天气的影响，没有做什么防护，还是穿着平时穿的衣服，每周三和周五下午带着学生进行冰上训练。就这样，从11月到次年2月放寒假之后，我还带着学生集训了几次。结果，过年的时候给家人做饭，做到一半儿的时候就觉得气短，肚子也开始疼，躺了好一会儿才恢复正常，就算是这样我也没觉得是身体出了问题。

第二年冬天，我又开始筹备冰雪运动的相关工作，用了几天时间把冰场布置好，肚子又开始疼了，我只好到医院检查，医生告诉我，我卵巢囊肿直径已经有5厘米了，需要卧床休息，不能再做剧烈运动，也不能受凉，并且问我是做什么工作的，我说我是体育老师，不让我做剧烈运动，就相当于告诉我，我的职业生涯终结了。当时我的心里五味杂陈，却也只好乖乖回家卧床休息，等待再次复查，大夫说，如果它再长大就需要做手术了，我很怕做手术，于是定期复查，幸好后来囊肿并没有再长大，不用做手术。

由于身体原因，我不能再带学生进行冰雪运动了。学校安排人事工作的时候，我选择了再当班主任和上体育课。这时学校的德育主任要去交流学习，学校的心理工作和心理咨询室也交给了我负责。

在做心理工作过程中，我得到了许多快乐，也学到了许多新的知识，如“绘画技术在中小学心理辅导中的应用”“焦点解决技术在中小学心理辅导中的应用”等，学习了这些知识，有助于我和学生之间的沟通，也有助于和身边的每一个人的相处，我喜欢做心理工作。在今年的班主任工作中，我选择挑战自己，参加了班主任高级研修班的学习。虽然我知道自己的能力还达不到高级老师的水平，但是我在四年级即将面临体育学科国家检测和心理学科国家检测的情况下，还是挤出时间来参加学习，我希望在班主任工作中能做出自己的成绩。学无止境，我逐渐在教育教学中得到成长。在未来，我希望自己能越来越有信心，越来越坚强，在山区教育这片沃土中继续播撒希望。

## 理论点评

点评人：张晓龙博士

李宏霞老师的人生故事让我看到了一位沃土中生长的充满活力的教师。

罗杰斯提出了人有实现自我的天然倾向。每个人都具有一种成长和发展的潜能，它使个人趋向自由并摆脱外部力量的控制，推动个人为达到爱慕、欢乐、创造性、和谐等目标，成为完美的人而努力。[1]李老师天然的实现自我倾向推动着她从最初朴素的“为了离开大山”而努力学习，逐步上升为“做一位合格的体育教师”，在延庆师范和首都体育学院就学期间已经在有意识地努力学习专业知识，非常清晰地按照自己的职业规划努力着。

纵观李老师的成长史，她每一次进步和挫折后的适应其实都有一片沃土支撑，这片沃土源自核心的信念和行为习惯，让她在面对挫折和挑战时表现出强大的韧性。面对各种各样的挑战，她都通过勤奋学习和劳动成功应对。

这些信念可以追溯到她的家庭和童年所处的社会环境。出身乡村的艰苦环境使她从小就立下了“走出大山”的愿望，她深信“自己强大”才是硬道理。此外，她灵活的调节能力也令人印象深刻。她的调节能力主要包括接受和学习两种核心技能，即当遭遇挫折和挑战时，她能够快速地接受并找到对策。此外，她还能够迅速学习新的知识技能，例如，转换为心理教师和班主任角色，她都迅速学习了相关知识、技能，而且

1　马斯洛:《人的潜能和价值》，华夏出版社，1987。

都获得了良好效果。

如果我们继续追溯她的整个成长过程，还可以看到如水般的可变性。她从小学毕业到进入初中重点班遭遇了从优秀到普通的落差；进入延庆师范学习后，她努力学习、掌握了很多运动技能，进而从师范进入大专时，选择了首都体育学院；到了首都体育学院，又根据自身的特点，强化训练；从黑汉岭小学的良好状态到珍珠泉小学的各种挫折，她保持了忍耐和积极的等待；之后又遭遇身体的危机，调整了工作岗位。在这些转变中，她都保持了高度的弹性和可塑性，将自己塑造成了不同的角色。

“接近真实永远不会是一个有害的、危险的、令人不高兴的事情。所以，尽管到现在我仍然会讨厌调整我的思想，讨厌不得不放弃自己陈旧的观察方式和思考方式，但是在更深的层面上，我已经在一定程度上逐渐意识到，这种令人痛苦的改造过程就是我们常说的学习。尽管令人经历痛苦，学习能让我们以更为真实因而也更加令人满意的方式看待生活。”[1]李老师在人生很多节点都能够直面现实，接受现实，同时能够改造自己。因为当时经历了痛苦，所以她才能够在下一阶段充满活力地生长。能做到这一点，正是因为她能够直面自己的成绩、自己的健康、职场中的压力和挫折。

“生活的目的就是用你的人生去实现你所信仰的事情，无论是自我发展还是别的价值。”[2]李老师用自己的人生去实现了自己所信仰的事情，无论是走出大山，还是成为一个合格的体育教师，都实现了自身与社会价值的整合。

“积极的、相互信任的人际关系一旦建立起来……自由充分地去体验那些过去因太具威胁性而不敢正视和体验的思想和情感，从而自主解决

1 卡尔·R.罗杰斯:《个人形成论：我的心理治疗观》，中国人民大学出版社，2004。

2 C.Buhler," Basic theoretical Concepts of Humanistic Psychology", *American Psychologist*.1971, 26 (4).

自身的问题，朝着‘功能充分发挥的人’的方向发展。”[1]她和父母、学生以及很多同事和领导等建立的积极、相互信任的关系，让她可以自由充分地体验那些生命中的挫折与挑战，自主地解决问题，朝着“功能充分发挥的人”的方向发展。我们看到了一个在积极的信念与韧性的行动所构建的沃土中生长的人，看到了一位构建出积极的、相互信任的师生关系、家长关系、同事关系的教师。

希望我们每个人都能找到属于自己的沃土，生长为“功能充分发挥”的老师。

## 学生点评

点评人：闫唯一

读完这篇文章后，这位延庆教师的成长经历及教学历程深深地打动了我。因为我自己也是一个土生土长的延庆人，而且我的父母都在延庆从事教育行业，所以这篇文章引起了我强烈的共鸣。

作者的爸爸是村子里少有的“文化人”，写得一手娟秀的毛笔字，明明很爱抽烟，但为了作者上师范学校的学费和生活费硬是戒了烟；而作者的妈妈在作者很小的时候就培养她自食其力，锻炼她的各种能力。父母的做法让作者明白，一定要努力学习，这样才能走出大山，走向更广阔的天地。

上小学后，作者边玩边学便考上了县重点中学，可当她进入中学后就发现自己必须时刻紧绷，只要稍微松一口气成绩就会一落千丈。后来，她又考取了延庆师范学校，走上了成为教师的道路。再后来，出于爱好，

1 曾德琪：《罗杰斯的人本主义教育思想探索》，《四川师范大学学报（社会科学版）》2003年第1期，43—48。

她又报考了首都体育学院的体育教育专业，而她的教育生涯也就此拉开了帷幕。考入首都体育学院后，她每天都十分刻苦努力地练习体育专业技能，认真学习每一门文化课。

开始正式工作后，作者的经历可谓是“颠沛跌宕”。被分配到乡村小学后先是因为学校撤并调到了珍珠泉小学，后又被安排担任班主任的重任，由于长期从事冰雪运动身体受到了影响，无法继续从事体育教育行业而做回了班主任兼心理咨询老师。这几经波折的职业生涯非但没有击垮她，反而让她在教育行业中越干越起劲，越来越坚强，教育的热情更是水涨船高。这一点让我尤其佩服，因为我个人是一个特别喜欢安定且循规蹈矩地生活的人，面对突如其来的改变我很难去冷静面对，而屡屡经历波折的作者却能够一直怀着热情来面对眼前的一切，这让我明白作为一名老师，对于职业的热爱是多么重要。若不是有热爱这个小火星，作者恐怕很难坚持如此之久。所以只有抱着满腔的热情，教师才不会觉得自己的工作平凡而琐碎，会克服一切困难认真地对待每一天的教学工作。

在作者这几十年的求学与教学经历中，我印象最深刻的还是她对于“后进生”的教育。在她担任班主任工作时，班级中有一个纪律散漫、经常旷课的孩子，不管她怎样劝说，这个孩子都没有丝毫的改变。后来有一次因为下大雨家长无法来接这个孩子，作者把他留在自己的办公室一起吃饭、聊天，这一举动彻底融化了孩子的内心，从那以后作者经常像朋友一样找他聊天，这个孩子也再没有旷过课。作者的这次经历让我想起了倪焕之也是这样用爱感化了顽劣的学生蒋华的。他们成功感化学生的经历让我深深明白教育学生不是“硬碰硬”，而是要和孩子们做朋友，懂得和孩子们进行心灵上的沟通，不要只盯着学生们的缺点看，而是要善于发现他们的闪光点，这样才能激发他们的学习兴趣，调动起他们的学习积极性。

在我的眼中，这篇文章的作者是一位非常伟大的教师，她出身于大山，选择回到大山，扎根于那片黄土中，将那些如曾经的自己一般的孩子培育成人，哪怕历经波折也从未消减她半点教育的热情，而是促使她继续在延庆这片沃土上撒播希望。她的经历深深触动了我，也让我更加坚定了毕业后回到家乡延庆挥洒教育热情的信念。

# 找到适合自己的沃土

北京市延庆区第三中学

郭京丽

## 一、注定是一名师范生

我出生在北京市平谷县，爷爷和姑姑都从事教育工作，家里人常说，我们这辈人中还会有人当老师，小时候的我从没觉得这个人会是自己，因为我们天天除了上课、回家写作业，剩下的时间就是在外边玩儿。我小时候是特别快乐的，我不是学霸，作业写完了之后，剩下想的全都是怎么玩儿。那时候我对长大干什么一点儿想法都没有。

我最喜欢去的地方就是海边，就想以后我要去学跟海洋有关的东西。到高中时，我逐渐知道了各种大学，那会儿我最想去的是大连海事大学。但后来发生了一些事让我离自己最初的梦想越来越远了。

初三一模结束时，我爸突发脑出血，当天晚上就去世了。父亲的离世对我自己和这个家都是沉重的打击。妈妈受这件事打击特别大，她从原来特别精明能干的一个女人，变得特别颓废，每天都没有精神，好像什么事儿都不能再触动她。于是，我觉得我必须留在平谷照顾我妈。

高三的一天，首都师范大学去我们学校招生，做宣传，讲上师范大学的各种优势。我就想，如果我上了师范，家里的经济压力就会小很多。后来我在报志愿的时候就直接报了首都师范大学。但是因为我弱视，我报的化学和物理这两个专业都没有录取，学校就把我调剂到地理专业去了。

所以，可以说是命运推动着我逐渐偏离了自己原来的轨道，走上了一条全新的道路。

2004年，我考进了首都师范大学地理专业，地理专业的学习让我对地理学产生了些许兴趣，因为几乎每一门课程都要实习，它非常符合我喜欢实践的性格。2005年，我们去雾灵山实习，住在雾灵山下的一个村子，这个村子一边属于北京，一边属于河北，但是房子和人们的生活却天差地别。我们去了属于河北那部分的小学，破旧的顶棚，四处漏风的窗户，有着窟窿眼的桌椅和脚踏式风琴。这个学校的孩子们都走得差不多了，还有两位老师在那儿坚持，说这些孩子不走，他们就不能走。我非常敬重这两位老师，在那样的情况下他们都能坚守住，特别让人感动，看着为数不多的几个孩子趴在我们身边听我们讲故事，我第一次对教育和老师有了触动心灵的认识，心里默默地生出了一份责任感。

2006年，我随着学校的定向越野队到海南三亚比赛，比赛地点在橡胶林里，我们穿着厚底登山靴，还是时常被扎脚。比赛结束后场地里活跃着一群光脚的孩子，他们穿梭在橡胶林里捡瓶子，捡完瓶子拿去卖钱，一个瓶子只能卖1分钱。我们都很纳闷为什么卖这么便宜他们还去捡，直到带队老师带我们去了他们的学校，看到和雾灵山的学校一样的黑黢黢的房子，了解到孩子们靠卖瓶子挣学费的情况，我们都泪目了。这些经历影响着我，如果不考虑家庭因素的话，我可能会去远一些的地方工作，让那里的孩子有能受到更好的教育的机会，让地区有能够发展起来的动力，能为教育兴国出一份力，为这些孩子谋一个发展。

在这样一次次的活动中，我逐渐认同了教师这个身份，明确了自己的教育使命，甚至兴奋于自己的教师角色了。有人问我：你没有去实现自己的梦想，你遗憾吗？我觉得没有遗憾，因为我这个人的性格就是永远把家庭放在第一位。记得小时候，我父母经常吵架，会让我觉得家庭这个东西对我特别重要。如果我能干什么事儿让家庭特别和睦，让大家都特别幸福的话，我会特别愿意去做。原生家庭真的会影响孩子的一生。

所以家庭幸福是我最重要的梦想和选择。一直到现在工作十多年了，我依然会把家庭放在第一位。把家庭安排好，我才能更踏实地工作。所以不管是报高中，还是选大学，我都没有遗憾，因为这都是我做的选择。

## 二、找到热爱：城区校教师的工作经历

2008年，我来到了丰台区的一所普通初中校。由于位置特殊，学校里北京本地学生占比非常小，大部分都是外省的借读生。他们从小在北京出生，但没有北京市户口，所以只能在北京上完初中回原籍参加中考。因为借读生多，升学压力也小，所以我们更敢打破常规进行创新。学校虽小，但教学氛围和教学理念很先进，教学并不墨守成规。我们会整合三个年级、不同学科的教材进行教学。比如讲欧洲，我们会从语文、数学、英语、地理、历史、政治，甚至美术、音乐等多学科进行教学，让学生从多个角度对欧洲有更加全面的认识，各科之间能很好地进行互补，教学效果非常好，也使我们提高了教学能力，提升了全区排名。我在教学之外，还担任团委书记，在开学初我们会与学校的德育处、教学处做好规划，做好一学期的学习、文体、实践活动等计划，让学生有准备地参加各种丰富多彩的活动。这两年，我在教育和教学方面都有很大的成长和进步。

另外，这两年中对我教师生涯影响非常重要的人物有很多，这里记录两位特别的人物。

**韩黎丽老师**

韩老师激发了我对地理的热爱。我高中选的是理、化、生，对地理实际上没什么感觉。大学四年，我们天天去实习，我逐渐了解地理知识并且越来越喜欢它了，但还没有到热爱的程度。我觉得，一个人在把他喜欢的事变成极度热爱的事的时候，他整个人都是在发光的。那种幸福感是特别有感染力的。而韩黎丽老师就是一位对地理教学极度热爱的老

师。韩老师是丰台区的一名地理教研员，她在我刚工作的时候就快退休了。她特别爱笑，讲地理时那眉飞色舞的样子，兴奋的样子，激动的样子，让你也会觉得地理非常美好。每一个听过她上课或讲地理故事的人，都会被深深地吸引。这种魅力源自她对地理和地理教学的热爱。她非常爱学习，爱思考，退休之后仍然乐此不疲。还记得我回延庆之后，有位老师参加京教杯比赛，我们邀请了韩老师来做指导。那时韩老师已经退休了，听我说完后，特别开心地就来延庆了。她在台下细细地听参赛老师说自己的想法，然后激动地说，这个情境选得好，并给出了非常专业的建议。她似乎在一边听的时候一边就把整个教学环节设计出来了，甚至在细节方面都有很精彩的建议，让一起备课的老师们直呼精彩，说今天来值了，学到了很多东西。韩老师光用语言就能吸引我们所有的注意力，何况她讲到精彩之处时还要手舞足蹈。我们都感动于韩老师对地理的热爱，这是刻在骨子里的热爱。韩老师的所作所为对我以后的教学生涯产生了质的影响——在教地理时要让自己充满幸福感。韩老师就像一盏明灯，照亮了我的学习和教学之路，让我对地理教学有着莫名的热爱和追求，我还把自己的这份热爱，传递给我的学生们，让他们感受到和我一样的心情，从兴趣到热爱，我更关注他们是否能获得学习的乐趣和收获，学习成绩自然也会节节高。可以说，韩老师是我地理教学的“引路人”。

**学校的“大姐大”**

这个女孩儿让我重新定义了教育对象。她成绩不好，但特别喜欢当“老大”。她在学校有一帮“小弟”，整天东逛西逛，经常惹点儿或大或小的事，称自己是学校的扛把子。正是这些特点，很多同学、老师，甚至家长都非常不喜欢她，把她归为“坏孩子”一类。一次，她父亲到校解决她的问题，差点儿对她动手，我拦在她身前，说：“请您来是解决问题的，她犯了错误，我们首先是要让她认识到错误，其次是帮助她改正错误，不是要判她死刑的。”正是这一次为她发声，让她看到还有人愿意相信她，给她机会，挡在她身前。于是她似乎开始变了，虽然她还是会装着“大姐大”的样子，但她会悄悄帮老师很多忙，她也会偷偷看着其他同学快乐地打球。我知道她也有正义感，也希望被需要，也希望融入集体。于是我开始了和她斗智斗勇的日子，让她知道，犯错误并不可怕，改正就是一种勇气。我让她帮我干各种工作，时不时表扬她的任劳任怨。就这样，她初三毕业了，但因为成绩不好，她最终没有参加中考，只拿到了初中毕业证。在领毕业证那天，她最后一个走进校门，在操场上转了一圈后对我说：“郭老师，你不知道，对于学校我没什么留恋的，但我有点儿舍不得你，因为我知道你不嫌弃我，还一直帮助我……”我和她拉着手，一起流着眼泪，如果我能再早一些发现她，帮助她，是不是会有不一样的结局？

通过这个女生的事，我开始思考，我需要教育的是谁？我们是不是应该关注所有的孩子？我觉得没有一个孩子天生想当坏人，可能他们有各种各样的原因，别人的不理解，或是家庭的影响。他们想改好吗？他们可能也想改好，但是他们走上这条路，走得越远，他们能改好的可能性就越小。如果你能让这些孩子认为，你永远是他们可以依靠的，他们在你这儿能获得更多的心理上的安全感，那么他们会觉得还有发展，他们会觉得人生现在的这种处境还没有到绝路。

所以这个孩子让我懂得了教育的意义，并帮我明确了教育的对象，这对我来说意义重大。

## 三、开辟我的沃土：教师生涯的乐趣来了——当班主任

2010年春季我所在的学校面临拆迁，学校的老师由教委重新分配安置。借着这个机会，我选择回到延庆，一方面是由于我爱人在延庆工作，一方面是我终于能实现到郊区教学的理想了。

于是，我来到了延庆三中，任初一年级的地理教师和班主任。这是

我第一次担任班主任，在这之前我除了在德育处和学生有接触，就是在教学中有接触，而我认为所有老师当中最幸福的岗位就是班主任。为什么这么说呢？班主任能够每天与学生在一起，学生也最喜欢和爱戴班主任。班主任的理念会深刻地影响着学生。我一直想，我必须要去做一次班主任，去带一个班，让我的教育理念能在这些学生身上得到实践。

这是一个由16个男生和14个女生组成的班级。他们活泼可爱、积极好动、多才多艺。在开始建班的时候，我向他们介绍了我自己，看得出来他们也对我产生了浓厚的兴趣并对我充满期待。之后，我们开始了为期一周的军训。那时候军训是在部队里住着的，我们吃住在一起。白天我和他们一起训练，因为我参加过一次北京市大学生阅兵和一次国庆阅兵，掌握了军训的各种要领，所以我会指导他们的军姿、正步等；半夜还要去寝室看看是否有踹被子和上厕所的同学；我们一块儿在大操场上看电影《唐山大地震》。经过一周的摸爬滚打，班集体初步形成，班级凝聚力也极高，我也获得了他们充分的信任。我们确定了班级的奋斗目标：齐心协力共拼搏，奋勇争先得第一。我们说到做到，学习成绩第一、体育成绩第一、艺术节展演第一，总之有竞争有比赛的时候，我们就会想办法，做规划，全员参与，力争第一。

就在我们沾沾自喜的时候，学校推荐给老师一本雷夫的《第56号教室的奇迹》，我细细读完后发现，教育不是老师想要什么，而是站在学生的角度想他们需要什么，如学生是不是真的有能力得第一，他们是不是有得第一的需求。教育不应该是单纯追求第一，而是要关注学生的价值观是什么，他想要怎么去做。于是，我组织同学们召开“寻找正确的行为准则”班会，认真阅读此书，讨论里面的观点，思考我们的优势和问题。通过深入的讨论，确定了班级共同的行为准则，也确定了孩子们自己为自己制定的行为准则，挖掘自己的主观能动性，班级终于走上了正轨。我们也正式打造出了“初一（2）班的阳光教室”。在班内种植了向日葵，代表着阳光。我们选定了《蜗牛》作为班歌：我要一步一步往上爬，等待阳光静静看着它的脸，小小的天有大大的梦想，重重的壳裹着轻轻的仰望。我还给自己选了一首班主任之歌《最好的未来》：每个梦想都值得灌溉，眼泪变成雨水就能落下来，每个孩子都应该被宠爱，他们是我们的未来。

我进一步更新了自己的教育理念，我更关心孩子们想什么，怎么能帮他们实现目标，怎样和他们一起解决问题，怎样与他们一起进步。正是我的这种改变，孩子们也变得更快乐自信了，也让我收获了孩子们的认可和喜爱。

在我怀孕期间，担任班主任和6个教学班的课，有一天听年级老师反映，六班的学生最近很过分，上课老是折星星和千纸鹤，说了也不听，我心想等我上课了，他们要是不听课还折纸，我得好好教育教育他们。终于轮到我上课了，我一看，不分男女生桌子上都有一沓折纸，就是要上课大干一场的样子，我的火噌就上来了，但是不能急，得问问清楚。结果一问，我就瞬间没有了脾气，因为他们特别真诚和雀跃地说："郭老师，您要生小宝宝了，我们想给您折星星和千纸鹤，给你俩祈福，得折1000个呢，时间太紧了。"哎呀，我的心啊，一下就被他们击中了。我不是他们的班主任，但是浓浓的师生情却让我什么时候想起来都暖暖的。直到现在那些小星星和千纸鹤还挂在我的卧室，夜里熄了灯，就能看到闪耀着垂在房顶上的星星。

自己带的第一届学生就像初恋一样，似乎有无尽的回忆，但时间就这样匆匆而过。2012年的秋季，因为我的预产期马上就要到了，不能继续担任班主任了，就把孩子们托付给了我们班的英语老师，她是一位极负责任和有耐心的老师，这样我们班还能继续走下去。11月初，我的产期才姗姗来迟，却偏偏赶上了百年不遇的大暴雪，积雪深度将近1米，暴雪导致的断电、路不通等情况严重影响了人们的正常生活，也导致我难产时缺少医生的及时救助。在儿子终于呱呱坠地时，我也陷入了昏迷，经过两个多小时的抢救我才捡回了一条命。自此我更加珍惜生命，珍惜时光。看着儿子软绵绵的样子，母爱也泛滥开来。我终于能从母亲的角度去感受世界，去看待我的每一位学生，爱并呵护他们，因为每一个孩子都是妈妈拼上性命生下来的，应该被同等珍爱！

## 四、迎接风雨：教育生涯的第一次挑战

产假结束后，我迎来了教育生涯的第一次挑战。我中途接了一个班，才刚初二下学期，这个班就已经换了两位班主任，这个班的学生甚至把初二的班主任逼到不想再做教师的地步。怎么办？去和学校说干不了？想想我当班主任的初衷，我还是放弃了这个念头。虽然很棘手，但我想试试看。于是我毅然走马上任，走进了初二（5）班的教室。我告诉他们，我是你们的新班主任了，首先我有个特点，就是我的班级我做主，不听我的可不行。其次我带班有个规矩：事不过三，同一个错误第一次犯我们两个私下里解决，第二次犯班级里解决，第三次犯办公室里解决。如果同一个错误三次之后你还犯，我会请家长一起解决。通过和前两位班主任沟通我发现，这些孩子最不乐意一有事就请家长，所以我把问题处理原则说在前面，给他们充分改正错误的机会，要是总不改，学生自己可能就不好意思了。

我还告诉他们，我的班级要争第一，同学们要和睦相处，我们心要往一处使，我的学生幸福感都很强烈，不信问一问初三（2）班的同学就知道了，你们可小心我被他们抢回去当班主任啦！他们看着我又严肃又轻松的样子，心里也在衡量着我，他们也想知道我是否会说话算话。这样，我们之间的较量就展开了。

班里有两位算是领头的男生，经常带着班里男生捣乱。我就从他们下手。刚第二天，其中一位男生就犯了错误，我把他叫了出来，和他认真谈了话，他说："是我错了，我下次改。"我提醒他这是第一次，要珍惜机会。可没过两天，他就第二次犯了相同的错误，我在班里当着同学

们的面分析了他的错误，看着他红着脸，不知道是不好意思还是在气我不给他留面子，总之他憋着，一句话也不说。下了课我问他："你能接受我在班里说你的错误吗？"他反问道："我不接受行吗？您都说了第二次犯错就要在班里说。"我心里暗自高兴，他把我的规则听进去了，我就赶紧提醒他，还剩一次机会了，再犯就得到办公室处理了，虽然我欢迎你们来办公室问问题或聊天，但我可不希望你去办公室里说错误。他点点头。可是好景不长，一周不到他就犯了第三次错误。当他站在办公室低着头挠着后脑勺的时候，我就知道他也知道自己不对了，他站在那儿，一个劲儿地保证绝对不会继续犯同一个错误。我说："我还没说你呢，你就认错啦？"他说："老师，我每次犯错，您都只说我的错误，从来不批评我骂我，我就觉得自己很不好意思，您给我好几次机会我还犯错，也是我不好。您放心，虽然我习惯不好，还会出现各种问题，但我肯定尽量在三次以内去改掉它。"我说："你说得对，而且说得很好，人不怕犯错误，就怕反复犯同一个错误，还不觉得自己错了，你以后肯定会有出息的，因为你能发现自己的错误还能改正它。"

虽然这位同学的这个问题解决了，但还有更多的问题在等着我。每天我都像打了鸡血一样与他们斗智斗勇，就好像教师生涯中经历了一场又一场的风雨。

这段经历也让我反思，初中生的特点是什么？人生初长成，对什么事都有自己的想法和见解了，只是不够成熟，因此和大人们的想法有出入，让大人们觉得，他们就是叛逆，干啥都干不好，还要顶嘴甚至吵架。所以我们应该怎么做才能真正帮助他们成长呢？我觉得是给他们尝试的机会和改错的机会，并且要教会他们做事。比如说，早晨迟到，这是让家长和老师都头疼的事，所以家长就在家里使劲催，老师在学校里使劲训，而学生自己认识到迟到有什么不好了吗？为什么会迟到？怎样能不迟到？不，他们没有。

而我们老师要做的是：第一，提前对家长和孩子说清楚应该什么时间到校。这个环节是说清要求。第二，在孩子第一次迟到的时候，要明确说明，迟到是不礼貌的，让他分析一下迟到的原因，今后如何做具体的时间规划。然后我们就要和他一起把前一天晚上到第二天早晨的时间规划、梳理出来。这一个环节就是肯定他焦急和内疚的心理，引导他认识到自己的做法不对，教他想出解决方法。第三，给他改正的时间，因为想改一个习惯很难，不会因为一次谈话就能改变，那么我们要关注他是不是在变化，要及时肯定他已经做好的部分，再分析还可以改进的部分。他就会觉得自己这样一件小事，反复错很不好，得更加积极地去改进。

孩子就是会犯错，我们要允许孩子犯错，犯了错要引导他改正，教他做事的正确方法，相信他能改正并收获好习惯，给孩子们提供试错和改错的心理安全环境。所以学校除了教知识，还要教会孩子做事。

## 五、倔强生长的小苗：永远写不完作业的男生小蔡

小蔡是我第三次当班主任时班里的一位男生，他学习不好，上课睡觉，作业几乎完不成，还喜欢昂着自己倔强的小脑袋。经过几次谈话，他都不为所动，于是我去他家家访。这次家访重重地冲击了我的认知。我敲门，他来开门，看到是我赶紧把围裙摘下来，迎我进屋。看着他那腼腆、拘谨的笑容，我心想：这还是那个在学校张扬胡闹的小蔡吗？只见屋里摆满了大纸箱，上面写着“××药”，从地上一直摞到天花板，茶几上摆着一个果盘，里面放着各种水果，墙上贴着好多张奖状，写着他的名字。看到我充满问号的眼睛，他挠着脑袋说：“几年前，我爷爷被车撞成了植物人，一直瘫痪在床，这些药都是给爷爷吃的，为了照顾爷爷，爸爸请了护工，家里的钱早就花光了。”看着小蔡平静又理所当然的表情。我问他：“平时都是谁在照顾爷爷？”小蔡说：“大多数时候是护工，但我放学或放假的时候，也会帮忙，他是我爷爷，我自然要照顾他啦。

因为我回家就要照顾爷爷，家里的家务也都需要我做，真的没时间写作业，所以对不起您了。”我内心好像被重击了一下，小蔡的生活是多么曲折多难，但他却是温暖阳光的，他的身上背负着多少生活的磨难与压力，还能乐观向上地生活。哪怕生活如此困难，都不能阻止他和爸爸照顾爷爷的决心，这份精神非常值得敬重。试问，有多少人在这种情况下还能义无反顾地坚持?！他有颗闪着光的感恩的心、孝顺的心，完全够格做一名“成功”的人。我问:“你后悔吗?”他说:“我不会，家人永远是最重要的，我的人生还有机会。”我当时就下定决心，一定要帮曾经成绩那么优秀的小蔡以后继续优秀下去。我和他约定，所有学习任务都在学校完成，让他安心回家照顾老人。“差生”不是由学习决定的，小蔡应该是我们大家的榜样。

小蔡的事情时刻提醒我，不要急于对孩子下定论，不要急于批评，要耐心地观察和发现，要相信每一个孩子的本性都是向善的、向上的，希望自己是更好的。我们要相信他们即使学业没有进步，也将会成为对社会有益和有用的人。我们就是要做那个“能识千里马”的人，与孩子们交真心，给予他们切实的帮助，然后等着他们努力，静待他们成功。

这已经是我当班主任带的第三届学生，也到了我作为班主任的成熟期了，但是实际上学生依然在用一些小事教育我，让我成长。我觉得自己已经关注到了所有同学，关注他们的一切发展，然后给他们提供各种机会、平台之类的，但是依然会有一些孩子很触动你，让你去思考更多。

高尔基说过:“谁爱孩子，孩子就爱谁。”只有爱孩子，他才可以教育孩子。爱，是通往成功教育的桥梁，也是一条基本的教育原则。与孩子的及时沟通，与孩子之间的小秘密，可以拉近我们与孩子之间的距离，可以使我们更加了解他们，使我们更加公平地看待他们，使我们更加恰当地教育他们，使我们用期待和发展的眼光看待他们，使我们有敏锐的观察力，善于捕捉、发现他们身上的闪光之处，使他们在表扬中体验到成功的快乐，增强自尊心和自信心，在避短中看到自己的未来与希望，感受到老师的信任和期待，而这些感受，也许能改变孩子的一生……

教师是需要情怀的，爱孩子就是情怀的基石。

## 六、为学生开垦沃土：去高中工作

从毕业开始我就一直在初中任教，在城区校当了两年团委书记，回延庆后有了四年班主任经历。出于学校的信任，我又担任了三年的年级组长工作，这也是一段在曲折奋斗中相互成长和进步的时光。经过两年的相处，我已经非常熟悉学生们了，也与他们建立了深厚的感情，所以我克服困难，陪他们走完了最难的中考备考时光。在春节的时候，有同学给我发微信，在问候中说：老师您能陪我们继续上高中吗？咱们还能再在一起三年，这样我就有动力复习考试了。我一下受到了启发，可以啊，我和他们一起去高中。但一直教初中的我，觉得教高中对我来说还是有挑战的，但我想，我不怕挑战，我的学生才能不怕挑战。另外，我们学校是初高中一贯制学校，这样还能鼓励这些孩子报考我们自己的高中。于是，在新学期开学的年级会上我公布了这个决定，我要成为让大家喜欢的老师，一直陪伴他们的老师，和他们一起上高中，携手走过人生中最重要的6年。这个约定很有效，当年延庆三中招收的高一新生中，原延庆三中生比例最大。就这样，我成了一名高中老师，并回归了班主任岗位，一堆亲学生在班级内，简直是如鱼得水。

**不贫困的乡镇高中生，引起了我对生涯教育的思考**

在初中，我主要关心孩子的身心发展和学习能力，但高中我就需要考虑更多，要符合高中生的特点。高中经过了选拔，学生的素质和能力都比较齐整，当过班干部的、有才艺的、有特长的，比比皆是。那么，一名高中班主任的主要任务是什么？我能把他们带到多远的未来？这两个问题是我在假期中一直在思考和琢磨的。延庆三中的学生大致分两类：一类是很聪明但是学习习惯差，凑合型；另一类是不聪明但是很努力，拼命型。所以他们与又聪明又努力的学生比，总是差了一点点。他们有能力、有素质，但是对未来很少有想法，对自己的要求也不高。所以，我得想办法让他们逐渐对自己的未来有想法，于是，我作为班主任的重点工作就确定为开展更多的生涯教育和价值观教育。

**帮助学生找到兴趣、获得成就感**

首先我要帮助学生在各个方面取得成绩，获得成就感，提升自信，自己认可自己，改变固有认知。

学习上的成就感不是单纯地评价成绩，更重要的是学习过程和学习兴趣。我们这届学生不光是老中考的最后一届，还是新高考的第一届。经过暑期培训和对教材课标试题的研究，我发现，几乎所有地理知识都可以联系生活，如观察生活、进行实验、考察实践等。在活动中学习，学的是真实情境，是复杂情境，是问题解决，远比看看教材、背背知识点有意思多了，能力也会提升得很快，他们会在活动中逐渐转变为地理学习的主人。例如，我们进行大气受热过程的实验、水循环的实验、挖土壤剖面做土壤实验、观察植物特征、测量正午太阳高度角、挖化石观地貌等一系列的自然地理观察与实验。他们将实验过程与书本上的原理融会贯通，还能迁移应用。再比如，我们进行京张高铁研究、后黑龙庙村产业变化研究、延庆区垃圾分类处理研究等一系列的研究学习，我和他们一起研究选题，讨论具体研究内容和研究方法，开展研究，撰写研究报告等，虽然研究内容不够深入，但每一个都是我们精心探究过的。探究的意识、探究的方法、如何进行总结提升，是我们最想得到的收获。经过三年的地理学习，最终我们的高考成绩超过了市均分，上线人数创造了历史新高，全校的一本上线率和本科上线率也都创历史新高。这些孩子在延庆三中找到了属于自己的天地，走出了自己的未来之路。

在文体活动方面取得成就，也是学生的高光时刻。相较于学习，用自己本身的特长参加活动，更容易建立自信。我的任务就是给他们搭建舞台。9月底是每年的运动会时间，体育不错的同学们就在摩拳擦掌，想拼第一也是不容易的，所以我组织班里的同学提前组队，体委带队每天晚自习前去训练。接力赛靠配合和战术，他们在训练中不断磨合排好队形，经过两周的训练，我们在运动会上获得了丰厚的奖项。每一名运动员在场上的飞奔、跳跃都伴随着大家狂喊的加油，场上的自豪，场下的佩服。当然体育不好的同学也能得奖，因为每年运动会都有非运动员项目，或是障碍跑，或是趣味游戏。他们选出配合默契，肢体协调的同学组成一对，自己根据今年的比赛项目抽时间去练习。与其说是练习，不如说是去做游戏，他们总是练着练着就笑闹成一团，但等上场的时候又比谁都严肃认真。是的，所有的体育项目大家从不打无准备之仗。不去计较输赢，我们朝着目标拼搏过就很棒。

所有活动中，最让人激动的时刻就是每年的一二·九合唱节。一二·九，又称为一二·九抗日救亡运动。在合唱节中同学们要选择一首红色歌曲和一首自选歌曲，全体成员都要上，歌声要洪亮有气势，表演形式要有创意。因为合唱节是同学心目中的盛典，所以他们总是提前筹划。第一年是我和他们一起策划和训练的，为了演出效果，我给他们从网上租了演出服装，演阿庆嫂的同学说穿上演出服瞬间就有感觉了，经过反复排练和修改，最终我们得了第二名。同学们心中还是有一丝失望的，我说："咱们特别棒，你们想想为什么？"他们说："都是因为别人模仿了我们的创意，还像我们一样声音特别洪亮，我们就不应该在彩排的时候把底牌都亮出来。"我说："既对也不对，正是咱们优秀别人才效仿；不对的地方是，别人在学习我们的优点，那我们有没有关注到别人的优点化为己用呢？这就是学习的魅力！如果大家都藏着，最后怎么能比得这么精彩和激烈？所以明年的合唱节得看大家的啦！"我以为这件事就这样在忙碌的学习生活里被他们忘掉了，直到高二的上学期，我才发现他们一直记得自己的目标，这次我们不负众望，捧回了第一名的奖杯。高三的时候，大家似乎更加珍惜最后的一次合唱节了，选什么歌曲成了难题，别的班为了得第一决定两首歌都唱红色歌曲，我说既然想唱出自己的特色和心声，不留遗憾，我们就选一首我们喜欢的，第一名我们有了，那么最喜欢的我们也要有。就这样，选歌工作拉开帷幕。大家一首又一首歌地选，就在选累了的时候，有个同学放了首《野狼disco》，大家都不由自主地跳了起来，我突发奇想说："咱们唱这个吧，改成咱们自己的歌词，怎么样？"所有人都用不可置信和惊喜的神情看着我："真的可以吗？您真的让我们唱这样的歌吗？"我笑笑，说："嗯，我也想给你们留下最美好的高中回忆。"正式比赛那天，他们每人都穿着统一购买的班服，上面写着：三生有幸！作为三班人何其有幸！比赛开始前，几名同学开始发红色的歌单，上面写着歌词，屏幕上开始播放与歌词配套的视频，每一帧都是高中最美的回忆。虽然我们最终得了第二名，但是这回每个人都笑得特别灿烂。

尊重学生，留出空间，适当指导，充分信任，他们总会在各个方面给我们惊喜。第一步算走得不错。

**在人生故事中思考未来**

第二步就是让他们提前规划人生。学习好、生活开心还不够，还要对未来的生活有憧憬。从高一开始，我就经常讲述我和大学同学的故事。

A同学的梦想是当一名老师，却因中考失利考上了当地的职业高中，三年职高生活中她不断努力，发誓一定要上大学。最终，她考入了首都师范大学，和我成了同学。上大学后她继续泡图书馆、自习室刻苦学习，成为班里两名保研名额中的一员。

不向命运低头的人，会因为信念而成功。

B同学是一位"钢琴痴"。她希望将来成为一名音乐家，却阴差阳错进了地理系。不过她从未放弃梦想，每天去大学对面的钢琴城苦练钢琴，由于练琴费用不菲，所以她总是省吃俭用，只为自己的热爱。大学毕业后她顺利考进了中央音乐学院，后留校成为一名大学钢琴老师。

梦想的力量会带着你登上梦想的殿堂，要有所热爱，把热爱变成一生挚爱。

每个人都不相同，起点也不相同，未来的精彩也不相同，要追寻自己的梦想，坚持自己的热爱，付出自己的努力，我们的人生都会精彩。

**读书改变命运，不能再局限于物质脱贫**

第三步，忠于内心做出选择，激发内驱力。我记得有一次班主任培训，我说了一个案例，在场的老师们都不太认可。我当时讲，我带着学生做一项实践调查活动，调查的内容就是农村的可持续发展。如何提升农村的吸引力？如何能够让更多的劳动力回农村发展？比如说种庄稼，将来会有谁想回去种地吗？太少了。现在村里的老人特别多，年轻人都走了，那这些老人怎么办？如果真的没有人回去种地，那我们将来吃什么呢？所以一定会有人回去种地的。我们对于学生的教育，不是“你别上学了，你就回去种地去吧，种地挺好的”，而是通过我们的教育，让他知道我如何能更好、更高效、更有价值地种地。同样是种地，但是我种的就是能比别人种得多，种得好。当我分享这个问题的时候，我说我们可以让家长改变一下教育理念，不是非得把所有学生都送进大学，比如，我就是喜欢当厨师，我觉得做饭特别好，当个厨师也没有什么见不得人的，也没有什么不好的。如果能改变家长的教育理念，改变我们整个社会的教育理念，可能大学的压力、高中的压力就没有那么大了。可在场的老师就说，你如果这么跟家长说，家长肯定跟你翻脸，肯定跟你吵，他们把孩子送学校来，你跟他们说孩子不用考大学，回村里就行，这不太可能。然而我认为现在的社会不一样了，过去真的是读书改变命运，读好书，考上好大学，就能有好工作，人生确实是能有很大的变化。但到今天，我觉得即使是郊区，家庭物质条件也都不错了，学生那种单纯为了找个好工作赚钱的动力其实是不大的。你用一种很功利的目标去激励学生，他就会觉得很没意思，他会觉得，人生的目标就是为了找好工作挣这点儿钱吗？现在不努力读书，随便找一个工作也能挣钱。所以我觉得应该让学生们挖掘出作为一个人的价值感，这才是他们最缺少和最需要的。

还有就是命运的改变，这个命运可以是个人的命运，也可以是国家的命运。什么时候我们能让孩子把读书改变命运不局限在个人脱贫？孩子们已经不贫困了，他们已经过了这种单纯追求物质的时代，他们有精神层次的追求。所以忠于内心的选择，改变命运，不是不让这个孩子读书了，而是让他获得真正的内在动力，这样他的学习会更好。他能明确要学什么，为什么学，就足够了。为个人去学也好，为国家去学也好，总之，他知道他是基于他自己的兴趣去学的。至于学的内容是什么，其实不是特别重要。

在一件件小事的影响下，我的学生中有人想考清华美院，有人想当飞行员，有人想当教师……通过三年的努力，他们离自己的目标越来越近。想考清华美院的进入了中央民族大学学美术，想当飞行员的考到了中国民航大学，想当教师的也考进了首都师范大学。

高中生涯总是很快，时间就在一天天的学习中、一次次的活动中飞逝而去。他们也在快速地成长着。我想，我这个班主任给他们的信任、尊重、陪伴、引领，应该能在他们的人生中起到一些作用吧。

送走了这一届，我又迎来了新的一届，不知道这届学生又会带给我哪些启发和思考呢？

## 七、乡村教育的未来：找到自己的“沃土”

我个人的教育经历和学生给我的启发，让我对价值观教育有着自己的思考。中国的强大之处，在于人们有信仰，这个信仰是需要教育入心的，是需要随时代发展变化的。如果我们都认为学生应该考大学走出去，我们又怎么能吸引优秀青年致力于乡村教育呢？没有优秀教师回来，乡村又如何发展呢？所以我们要传递给学生新的价值观，在自己喜欢的领域，在自己喜欢的“沃土”，干一番利于自己又利于国家的事业。

在十多年的教师生涯中，我一路成长，时常反思，时常总结，常常幸福。为自己发现了问题、想到了办法而幸福，为学生心理和智力的成长而幸福，为家长的信任、感激而幸福，为家人的平安、快乐而幸福。累是一定的，但路是自己选的，我会把它走下去，通向幸福。

我现在未必能称为好老师，但我愿意做一个“有理想信念，有道德情操，有扎实学识，有仁爱之心”的四有老师，用我的爱，帮助“平凡”的学生变得不平庸。

## 理论点评

点评人：朱小爽博士

在郭老师的诉说中我们看到了一棵名为“教师”的参天大树的成长史，出现在我们眼中的是一位已然成熟，热心并幸福的优秀教师，然而这样的教师又是如何成长，从而收获幸福的呢？她是否一开始就坚定地认为自己想做一名老师？她是如何开始自己的职业生涯的呢？

对于郭老师来说，成为教师并不是她最初的理想，由于家庭的变故，为了更方便照顾家里，她选择报考师范学校。可以说郭老师的职业选择的起点并非对教师职业强烈的热爱或对理想的追求，而是为了减轻家庭的经济压力，加上一点模糊的兴趣。在物质匮乏的年代，我们进行生涯决策时优先满足物质需要是很正常的，这是一种基于物质主义价值观的选择，即强调经济和人身安全的价值观。然而，随着郭老师在教育实习、实践中的不断成长，我们看到了她逐渐认同和内化了教师身份，收获了职业幸福。我们可以从郭老师的职业发展道路上看到塞利格曼提出的实现幸福人生应具有的五个元素（PERMA）[1]。

第一个元素是积极的情绪（Positive Emotion），情绪会受到我们对某一事件的认知影响，而认知具有主观性。我们可以通过改变自己的想法来改变自己的情绪。因此积极的情绪是一种我们能掌握的主观力量，由我们的想法和感受决定。如果郭老师在放弃梦想后，自怨自艾，把选择做教师当作迫不得已的权宜之计，沉浸在对过去的遗憾中，也不可能收获未来的职业幸福。这也正是塞利格曼所说的幸福法则，“过去的就让它

1 罗纳德·英格尔哈特：《中国尚未进入后物质主义价值观阶段》，《人民论坛》2013年第27期，50—51。

过去”,“抓住现在的幸福”，已然发生的事情不可改变，但我们可以通过改变对过去的看法，关注现在的体验，萌生对未来的希望，让自己的情绪变得积极。而如果你停留在对过去的遗憾中，“你就会变成一艘被动的船，不会主动去改变航程”[1]。

第二个元素是投入（Engagement），投入与心流（Flow）有关，当我们全身心地投入一种状态、任务或者项目中时，我们能体验到一种“心流”状态，即注意力高度集中，感觉不到时间的存在，投入忘我的状态，而事情完成之后会感受到充满能量并且非常满足。[2]在我们做热爱的事情时才能够投入。在“引路人”韩老师的影响下，郭老师收获了对地理教学的兴趣与热爱，并在这种热爱中让自己全身心地投入。

第三个元素是积极的人际关系（Relationships），在郭老师成长道路上，家人、同事、学生都在不同的方面给予郭老师积极的支持。在家人这里找到归属感，在韩老师身上学习对地理的热爱，在与学生的交往中改变自己的教育理念，也收获了学生的敬爱。

第四个元素是意义（Meaning），我们需要认识自己所做事情的价值。乡村教学的实习经历，让郭老师明确了自己的教育使命，在一个个学生鲜活的生命故事中，郭老师看到了作为教育工作者的意义与价值。

第五个元素是成就（Accomplishment），成就感来自方方面面，包括家庭、事业、工作和对社会的贡献等。在获得成就的过程中会产生幸福感，成就并非荣誉，若单纯追求晋升或奖项，追求成就的动机不纯反而会让我们产生焦虑、让成就带来的幸福感大打折扣。成就其实蕴藏在积极的情绪投入、积极的人际关系与意义之中，正如郭老师所说的，为自己发现了问题想到了办法而幸福——投入，为学生心理和智力的成长而幸福和为家长的信任、感激而幸福——意义，为家人的平安、快乐而幸福——积极的关系。

1 马丁·塞利格曼:《持续的幸福》，颜雅琴译，北京联合出版公司，2022。

2 马丁·塞利格曼:《真实的幸福》，洪兰译，万卷出版公司，2010。

郭老师把握住了幸福人生的五个元素，而一路走来我们也看到了她的价值观转向——从物质主义向后物质主义价值观的转变。后物质主义价值观强调自主和自我表现，工作动机在于工作本身的乐趣。[1]郭老师将自身经历带来的启发融入了对学生的生命教育之中。正如郭老师的价值观转向，新一代的青少年也早已从物质主义，转向了对生命价值的追求，读书早已不为改变命运，而是为了更好地生活。作为教师，只有自身有能力实现职业幸福，才能影响学生找到幸福人生的方向。

## 学生点评

点评人：毛雅妮

读了郭京丽老师的《找到适合自己的沃土》后我深有感触，想从一个初出茅庐的师范生的角度谈谈我自己的看法。

首先，选择了一份工作，就要想办法让这份工作使自己幸福。我是一名跨专业生，之前学的是英语语言文学，从未接触过师范领域，只是有几段与孩子接触的经历，凭着想把语言和文学之美传递出去的一腔热情，选择了学科教学（英语）专业。但是真正开始研究生学习生活后，我发现自己很不适应，原来教学真的是门“科学和艺术”结合的工作，各种教学设计铺天而来，让我怎么绞尽脑汁都憋不出来，课程压力一下子席卷而来，我开始思考，自己真的适合当老师吗？这条路我选择对了吗？直到看到郭老师的教育经历，我似乎明白了什么，重新问我自己：为什么觉得不适合？因为作业很难，而且之前也没有接触过教学工作，所以总觉得自己不行，缺乏自信，所以作业越多，越逃避，越觉得自己

1 米哈里·契克森米哈赖：《心流》，张定绮译，中信出版社，2017。

在这方面没有天赋，越抗拒，最后形成恶性循环，实际上是缺乏直面它的勇气和与自己和解的坦然。

现在，我学会给自己充分的时间来成长，不必着急，因为每一件事情，每一次经历都会幻化成我们独特的财富，所以做好当下的事情，把握好现在的幸福就足够了。

其次，我认为非常重要的一点就是教师自己要拥有翅膀，然后带领学生飞翔。这体现在我们的教学环节之中，每次读文本，做教学设计的时候，我们教师自己要能发挥自己的主体性和创造性，对教材进行二次开发，再结合学生的需求与特点进行教研，这样能产生较好的教学效果。

因此，只有教师自己先拥有对学科的热爱，自己全身心地投入到教学中，这样不经意间，才会唤醒学生对学科的热爱，学生们也会在潜移默化中感受到学科的魅力，逐渐内化成自己本身对学科的热爱。

最后，教师不但要注重对学生专业的培养，还应善于发现学生的闪光点，并让学生自己看到自己的闪光点，帮助学生实现精神价值，找到自己的定位，找到属于自己的梦想，活出自己的精彩。

“累是一定的，但路是自己选的，我会把它走下去，通向幸福。”希望我们皆如此，在属于自己的道路上走得平稳而幸福。

# “倔强”地成长

北京市延庆区体育运动学校

杨金颖

## 一、我的童年

我出生于1979年11月，是家里最小的孩子。姐姐比我大三岁，她是我家的第一个孩子，父母都很重视她。我记得小时候，家里有很多姐姐的照片，而我只有一张。为什么姐姐有那么多照片？为什么不给我照？小时候我心里一直有这样的疑问。我记得哥哥他们经常给我取不同的外号笑话我，说我胖，说我傻，说我爱哭，我特别讨厌他们，觉得他们也不喜欢我。到现在我的内心深处依然是自卑的，可能就是那个时候的事给我留下了阴影。我经常穿姐姐穿小的衣服和用过的东西。记得有一次姥姥给姐姐买了一件天蓝色的连衣裙，我也特别喜欢，但我从来没跟别人说过。终于有一年夏天，姐姐说她不穿了，把裙子送给了我，裙子的布料被洗薄了，颜色也淡了，但我依然觉得它很好看。还有一次，爸爸给姐姐买了一块表，其实我也特别想要，但爸爸把我拉到一边说，先给姐姐买，等你长大了再给你买。其实，我早已经习惯了这些，只是希望自己快点儿长大，自己买喜欢的东西，不用任何人！

## 二、前车之鉴

转眼姐姐上了初三，我上了六年级。当时初中毕业，很多人都考入了中专或者师范院校，可是姐姐第一年没有考上，复读了一年后，分数还是不够师范院校录取分数线。爸爸想让她上高中，可姐姐却说，和她一届的同学都该上高二了，她不去。我知道，她是怕丢人，当时我觉得姐姐很愚蠢，上学有什么丢人的。后来，姐姐去了一个技校，学费很高，家里还是借钱交的学费。姐姐学的是电器维修，学了两年后，回到县城里一个维修部实习，后来觉得没意思就进城找工作了，她的第一个工作是在寻呼台，后来当公交车售票员，由于她总是晕车，后来就不干了，回家结婚了。

这些我都看在眼里，我觉得姐姐不上高中的决定是错误的。姐姐的很多同学都上了高中，再从高中考入中专、大专，最后都有一份令人羡慕的工作。所以，我的目标就是努力学习。那时候的热门专业是师范，但其实我并不想考师范，我不想当老师，我想到外面去看一看。其实我内心深处的想法是，我要让那些人看一看，他们不喜欢的那个孩子，生活得很好。后来，我考上了永宁高中。从高一开始，我就比别人学习的时间长，经常学到晚上11点，周六日有时候也不回家，留在学校学习。

我的目标非常明确，那就是——走出大山。

上高中时，晚上会有老师看着学生上晚自习，21点教室就停电了，大家回到宿舍聊天、吃东西、睡觉，而我通常会在教室里继续学习。记得一次我点着蜡烛，正在总结政治的知识点，我也不知道当时是几点了，直到宿管老师打着手电走进来，气冲冲地说:“你要干什么？你这是干什么？赶紧给我回去睡觉!”我才收拾东西赶紧回宿舍了。后来的日子里，我经常会被宿管老师教训，但仍然坚持“悄悄”地学习。时间过得飞快，一晃就到高三了，我的几次模拟考试成绩都不是很理想，我觉得我真的考不上大学，那时特别失落、沮丧、焦虑，可是又没有办法。记得报志愿时，教我们物理的老师在班上说了一句话：你们可以报考北京信息科技大学延庆分校的英语师资专业，出来当个英语老师就挺好。当时这句话好像成了我的救命稻草，我毅然把这所学校填入了我的志愿栏里，当时根本没去想自己想不想当老师，想的只是能转户口，上大专，出来能有一个稳定的工作。

## 三、高考失利

高考终于结束了，记得当时自己进入考场时，学校门口有很多家长送孩子进校门。当考完第一科语文时，我走到学校大门口，看见很多家长在等孩子。我当时特别想哭，不是因为父母没有接送我，不是抱怨，而是恐惧，对不确定的恐惧，对命运的恐惧。高考结束了，接下来就是漫长的等待，等待分数的时间里，我的心情并没有因为高考结束而放松下来，分数出来了，真的不是很理想。我能去哪儿念书呢？我要不要去复读？这些都困扰着我，让我每天都很忧虑。没过多久，录取通知书下来了，我竟然被北京信息科技大学延庆分校的英语师资专业录取了，这就意味着我要成为一名老师了。拿到录取通知书，我特别开心，我有地方读书了，这缓解了我巨大的心理压力。就这样，我开启了新的学习旅程。

## 四、成为老师

读了两年大专，顺利毕业，分配到自己的初中学校。从学生变成老师，我的心理还没有转变过来，突然交给我一个43人的班级，我不知道怎样带班，也没有教课方法。那时真的是一头雾水。

只有在自己要带一个班时才会知道带班的不容易，带班前我把自己的班设想得特别好，但是班级总是不能按照我的设想发展。今天有人打架，明天有人无故不来，还有人上课捣乱，我每天都在处理这些乱七八糟的事情，自己根本不能静下心来思考怎么上课，那时感觉自己特别无能，所以一直认为自己不适合当老师，后来甚至萌生了不当老师的念头。但是每天还是在尽自己最大的努力工作着，首先我觉得既然还在当老师，就应该全力以赴做好这件事情，不能因为自己的原因耽误了学生们，我的学生中一定有像我一样的孩子，想走出大山，改变自己的命运，或者有和我一样想学习，但是找不到方法的孩子，我应该尽力去教他们。虽然不想当老师，但教师的这份神圣感一直扎根在我的心里。

我一边努力工作一边学习来提高自己。为了提升自己的英语水平，我在2001年春天，报考了中央广播电视大学进修本科。在工作之余，我每天坚持学英语，因为我想通过继续学习，让自己变得更专业。我依然保留着学生时代的做法，每天早晨起来读英语，背单词。没想到每天背单词的做法带动了我的很多学生，他们也开始每天早晨背英语。三年下来，我教的这个班英语成绩非常好。

在这三年里也发生了很多故事。

我们学校旁边有一条小河，夏天放学后，一次我在班里说："想去河里抓鱼的，晚上6点到河边。"那时候学生们还是很单纯的，他们愿意跟着老师一起玩儿，很愿意靠近老师。但其实我这样做只是为了"拉拢"他们，然后"收服"他们，最终让他们别再给我捣乱，好好学习。家住在小河附近的同学们都来了，他们比我专业，有的拿着渔网，还有拿地笼和鱼饵的。真正抓鱼的时候他们根本不让我动手，只是让我在岸上看着水桶，他们自己玩得不亦乐乎。最后收获还真不少，孩子们就地把这些鱼收拾好，在河边生火烤着吃了，最让人出乎意料的是，有个学生居然带着盐。我这才发现他们喜欢干这样的事情，只是缺少一个"孩子王"带领他们，如果有个头儿，会让他们觉得这个活动更有意义。于是我带着他们，春天挖野菜、夏天捞小鱼、秋天摘黄杏、冬天打雪仗，这是我当老师以来最开心快乐的三年。那样的生活简单自由，还有几个要好的朋友。和我一起分配的有4个人，我们年纪相仿，每天一起回宿舍，一起吃食堂，一起遛弯儿，一起呼吸大山里新鲜的空气，分享着或开心或生气的事情，我们是自由自在的一群年轻人，没有结婚，没有家庭的重担，轻松快乐，生活压力、工作压力都没有那么大。

我在母校工作了三年后被调到体校工作，初到体校，我对体校孩子的特殊性没有了解，特别不适应。比起母校的孩子们，体校的孩子们更不好管，让我又一次感觉自己无能为力。于是我开始想转行，开始关注各种招聘会，想快点儿找到一份适合自己的工作。在一个周六，我去了一个招聘会，仔细地看了招聘会上的每一份工作，我太希望能找到一份适合自己的工作了。可是逛完全场我发现，不是我自己学历不够就是专业不合适，当时特别沮丧。在回家的路上，我想，我不会放弃，我还会继续去各种招聘会，我不相信找不到适合自己的工作。回到学校我继续边工作边学习，同时也在不断思考怎样才能找到适合自己的工作。

来到体校带的第一届学生，不管是男生还是女生都比我高，男生差不多都在一米八左右，最高的一米九五，女生也都在一米七左右。第一次见到他们时我的心里还真有些发怵，我跟他们说话时，需要仰着头，再加上他们性情冲动，很不好管理。

果然没过多久，班里的事情就多了起来。顶撞老师的、逃课的、破坏公物的，我整天都在处理这些乱七八糟且非常棘手的事情。我不仅要管理班级和上课，还要充当“调解员”“侦探”“警察”“联络员”，可以说那些日子真是令我焦头烂额。不当老师的念头已经越来越强烈了，可又总觉得眼前的日子不能这样过。

体校的孩子大多文化课成绩较差，学习习惯和行为习惯也不好，缺少老师、家长对他们的关注。来到体校他们可以展现自己的优势，所以他们需要机会来展示自己，也需要老师的耐心、关心和引导。想要“驯服”他们，一味地“硬碰硬”恐怕不行。

对于他们的错误，首先我做到只告诉他们错在哪儿，不指责。同时关注他们做得好的地方，记录在班级的宣传栏上，让他们每天都能看见。对于他们做得特别好的事情，我会在班级内重点表扬，还会联系家长，告诉家长孩子的进步，让孩子和家长一起增强信心。这是一个很长的过程，开始的时候学生有很大的兴趣，慢慢地就不在乎了，但他们一直很在意我对家长的反馈，所以我每周都会把他们的进步写在“喜报”上，让他们带回家。当“喜报”的作用减弱的时候，我便联系进步最大的孩子的家长，让他在家长会上作报告，让孩子和家长都感到莫大的荣誉。要是这个办法不管用了，就换另一个办法。我每天就沉浸在“想办法—实施办法—再想办法—再实施办法”的过程中，最终卓有成效。慢慢地，这个班逐渐走上了正轨，我的教学生涯才从“乱七八糟”转变为“有条不紊”。

我每天沉浸于“治理”班级，忘了去想换工作的事情。那时候我从心里其实已经慢慢地接受了教师工作，适应了它。当同学打电话告诉我招聘会的消息时，我又认真地思考了一下。从开始工作到来体校，我一直认为自己不适合当老师，是因为自己总是遇到困难。可是不管怎样，困难都过去了。无论做什么工作，不是都会这样吗？到底什么样的工作适合自己呢？现在努力学习专业知识，是为找到一份适合自己的工作，那我为什么不努力学习如何当老师，来适应自己已经拥有的工作呢？终于，这个想法说服了我自己。

## 五、学习当老师

自此，我开始努力钻研业务，提高自己的班级管理水平，进一步掌握教学方法。我一边观察其他的老师是怎样管理班级的，一边思考学生们为什么会出现这样的事情，同时开始研究学生们，研究他们的爱好，研究他们心中所想，研究他们在家里的表现，研究他们对老师的看法等。我还会把我和学生们之间发生的事情记录下来，晚上重新想一遍，想一想自己哪里做得不好，学生们为什么会有这样的反应，也会把自己在教学中的感受和班级管理中发生的故事，以日记的形式写下来，那时候并不是觉得自己是在积累什么，只是想把发生的事情记下来反思，理顺思路，积累经验。没想到这些成了我成长中的财富。其实我做这些事的过程，既是我成长的过程，也是我学习的过程。

当我的内心笃定要做好一名教师的时候，就会认真体会工作中的一些小幸福，会认真体验教师这份工作所具有的独特魅力。一个周一，我刚刚进班准备上课，一个女生很快地跑到讲台上对我说：“老师，您尝尝我做的寿司卷，其他的我给大家分了，给您留了一个。”“谢谢你，那我现在能吃不?”“老师您快吃，可好吃了!”我很感动，也很欣喜，我成为他们中的一员了。

还有一件令我印象深刻的事情。我请假一周做了一个手术，在此期间，我校组织同学们到玉渡山开展实践活动。一周后我去上课了，一走进教室，站在讲台上，同学们就七嘴八舌地说起来了：“老师，您可算回来了，咱们都两周没上英语课了。”“别瞎说，明明是一周没上课。”“反正好长时间了。”“老师，我们去玉渡山玩了，可好看了，您要在就好了，我在山上还想您了呢。”“老师您干什么去了?”“我呀，做了一个小手术，已经没事了。”我们班一个“调皮蛋”站起来说：“这些天都好好的，先别气老师啊!”说完大家都笑了。孩子们用最朴实的语言表达出他们内心最真挚的情感，让我感觉到了一种幸福。在学校的生活中，这样的事情有很多很多，我很庆幸自己没有放弃教师这份工作。

## 六、第一次被认可

我在学校的老师里面，一直默默无闻，喜欢按着自己的方法干活儿，且追求完美，如果达成了自己内心的目标，只是会在心里窃喜。我生怕在别人面前丢脸，所以不愿干那些展示自己的工作。我记得那时候学校开展“导师”活动，帮助班中的“后进生”，这个工作要求每个学校选择一名教师汇报，学校在选人的时候，我真想把自己藏起来，可是最终领导还是让我去汇报，理由是我年轻。于是我参加了第一个活动——汇报在“导师”活动过程中，自己的做法是什么。我记得那时候做得非常用心：从汇报的思路到语言，我都反复修改了很多次。第一次站在专家和领导的面前汇报自己的工作，我很紧张，但我对汇报的内容很熟悉，所以没有出现瑕疵，自己感觉还算满意。当时听汇报的有教研室的专家，还有各个学校的德育主任。汇报完，老师们对我的工作思路和汇报时的状态表示认可，学校的德育主任说：“你做得很好，好好干吧。”这给了我很大的信心，我才发现我能做好这些事情，只是缺少勇气。我从最开始不想当老师，后来经过自己的学习，好像有了一点成就，觉得自己可以当好老师。记得我参加的第二个活动是班主任基本功大赛。这次活动我也是被动参加的，也许还是信心不足吧，在参加之前总是想退缩，不敢往前冲。最终我还是硬着头皮接受了任务，接下来就是紧张的准备过程。那是第一届班主任基本功大赛，一共有三个环节，第一个环节是演讲，讲述自己管理班级的故事，第二个环节是才艺展示，第三个环节是现场问答。每个环节我都认真地做了准备。我从众多的班级故事中选了一个典型的故事，找了一个语文老师指导我写作。在赛前我每天都对着镜子练习演讲。其实才艺展示环节是我最发愁的，我想了好久决定唱一首歌。其实我是不会唱歌的，只是不知道展示什么。我现学了一首歌，也是找我的一个好朋友一句一句学的，经过反复练习，虽然还是跑调，但朋友说可以上台。那次活动我取得了延庆区的第一名，这又给了我很大的鼓励，我觉得我能当好老师。只要认真地对待每件事，就一定能做好，要敢于挑战自己。从那时候开始，不当老师的念头好像就没有在我的头脑中浮现过，我在努力成为一名好老师。我凭借着自己的专注、认真和踏实的工作态度，获得了后来的长城杯、紫禁杯，再到后来我进入班主任研究工作室。

## 七、提高业务

在体校工作时间长了，我对于自己的业务能力不是很自信，或许我的内心深处就是自卑的，所以总是想通过自己的努力提高自己，变得自信，证明自己。

当时学校要求英语老师必须通过口语6级，我跟着大家一起通过了6级后，自己又报考了7级，考试的那天正是我的孩子刚出满月的日子。有人说我没必要这么拼，但我喜欢这样，我自己想做的事情，自己认为对的事情就会坚持。每个假期英语老师都会有培训，其实有时候我也反感占用假期参加培训，但是我还是会静下心来学习，写反思，写收获，所以经常有人说我太认真、太较真儿，但我不想随波逐流，我就想做我自己。

教研员一直是我学习的榜样，她爱学习，为了带领大家提高英语成绩，她不断学习反思，尽管她已是两个孩子的妈妈。她会想办法在教学中实施自己所学，我非常愿意跟着她的步伐学习，我也非常努力。让我第一次备受鼓舞的是一次集体备课。集体备课是令很多老师反感的一件事情，而我认为集体备课既能让个人深入思考，又能发挥集体智慧，让我们对教材有更深刻的思考，从而提高教学效率。那次集体备课，我说出了对文本的独到见解，并得到了老师们的一致认可，从而为全年级的教师说课解读，这让我想更深入地研究教学，同时为自己树立了信心，感觉自己不是很差劲。第二次让我信心大增的是基本功大赛。赛前我做到有备而战，我把赛前写的所有文章，都做了细致阅读，做到了心中有数，并对课的结构进行了系统的梳理。功夫不负有心人，我获得了全区第一名的成绩。

## 八、不断反思

我一直在反思，一路走来我获得了很多奖项，我的学生的成绩也不错。但每带完一届学生都会留下一些小遗憾。有这样一个孩子，他很聪明，身体条件也很好，非常适合练体育。就是因为有这样的条件，父母对他的期望特别高，从小学开始就高压式学习，后来孩子就开始逆反，不做作业，专门和父母对着干，甚至已经到了不能交流的程度。进入初中孩子贪恋手机，父母更是恼火，经常会打起来，甚至摔家具。我觉得这个孩子特别可惜，他生活得一点儿都不快乐，所以在学校的时候，我不压制他，希望他能轻松一点儿，让他的情绪有一个出口。通过跟他父母多次沟通，我让他们认清了现实，最终改变了他们的教育方式，能和孩子正常交流。但最终这个孩子没能上高中，考入了一所技术学校。这个孩子一直是我的一个遗憾。我想，如果我能早点儿与他父母沟通，能更早地发现孩子内心的变化，能够在思想上更好地引领他，也许会是另一种结果。所以我告诫自己，要关注孩子的行为变化，它是他们内心变化的反映。所以我开始反思自己工作中的缺陷，性格中的问题，以及需要学习什么。

2014年，我的女儿出生了。都说不养儿不知父母恩，我有多爱女儿，多希望女儿美好幸福，就知道我的父母有多爱我。我也更深刻地感知到孩子是多么单纯，作为一名老师要尽自己最大的努力去引领孩子，站在孩子的角度去思考问题，走进他们的内心世界。我希望我的孩子能够遇见一位好老师，我想我应该首先成为一名能够帮助她的好家长，成为一名能够引领学生的好老师。这样我们就更能知道学生的家长有多爱自己的孩子，多希望孩子成才。于是我开始思考我该怎样与家长合作。

我爱人从孩子出生就开始规划怎样培养孩子，比如怎样引导她看待事情的态度、怎样让孩子找到快乐、怎样培养学习习惯等。我被孩子的爸爸感动了，他如此用心，我也从他的身上学到很多东西：做一件事情，要系统地做好规划，要通过不同的途径给自己充电，不畏难，对任何事情都要充满希望。其次我想到了自己，我一直在一线教书，一直当班主任，我有没有为自己规划？有没有为我的孩子们规划？有没有为我的班级规划？这些都需要我在日常工作中一步一步学习和完善。

## 九、转变印象

在同一所学校工作很多年，我从被动地工作到主动学习到小有成绩。同事们对我的印象也有了很大的转变。同事说：“怎么老觉得小杨在忙呢？”我们的学校很小，教师不多，当学校有活动的时候，大家很自然地就会想到我，很多同事认为我能上课，能管班，爱学习。有时候会听到领导说，我的工作能力强，把任务交给我会很放心。但我自己知道做每件事情都需要付出很大的努力，并不能轻松应对，能力还是不够，有很多东西需要学习，但我也真的有了很多工作的机会，有了更多的平台来让自己进步。

同事们对我印象的转变，我想大多是因为我的工作态度。只要是跟工作相关的事情，我从来不会懈怠，哪怕是一件小事我都会全力以赴，把它做到自己满意为止。

我了解自己，从我记事开始就一直在努力，从没走过捷径，我觉得这样的自己活得踏实、自在。

## 十、总结自己

现在回顾往事，也许我应该感谢我的童年，因为童年的经历，我养成了不服输的性格。我应该感谢那些小时候“不喜欢”我的人，应该感谢我自己为做好一件事情，不懈努力的品质和不喜欢张扬的性格，以及无论什么情况都能够踏踏实实做事情的心态。从开始的不想当老师，凭良心干活儿，到后来的感到幸福，主动思考。我一直坚守着一颗平常心，多做事，少抱怨，端正工作态度，甘愿做平凡的小事，把工作干得有条不紊，同样让我的生活里充满阳光。在各行各业中，我选择了教师这一行，所以我要对自己的工作保持一颗敬畏之心。对我的工作，我会赋予它我的“小理想”，珍惜我的工作，同样让我拥有自己的“小确幸”。在我工作的20年中，时代发生了日新月异的变化，一届一届的学生的需求也发生了很多的变化。作为一名教师，我一直保持着一颗进取心，坚持学习专业知识，研究教学，提高自己，开阔视野，让我的教育教学能够适应时代的发展，超越学生的步伐。

**坚守信念，勇往直前**

我会常常问自己，我要成为一名怎样的老师？最初我想到了我最喜欢的老师，他的学生都愿意听他的话，他像一缕春风。当我的孩子上了学，我希望她遇见怎样的老师？身为教师的我，应该首先变成这样的教师。每当我看到周围涌现出优秀的老师，我会问一问自己，自己差在哪里？应该向他们学习什么？这样一个一个的问题一直在提醒着我，也在一直激励着我不断成长，不断完善自己，成为自己心中的老师，成为我的孩子心中的老师，成为我的学生心中的老师，我想这就是我一直以来的信念，所以在这20年教书的经历中，坚守信念，坚持学习，完成一次又一次的蜕变，我想这也是我做老师的初心。

**勤学善思，专心育人**

自从站上教师这一工作岗位，我就深知，要想教会学生，自己的专业知识就要过硬，所以我的专业学习从未间断过。我坚信学习是提高业务能力、做好本职工作的重要手段。“抬头看路，低头干活”，只有抬头看清了方向，工作才能干得高效、干得漂亮。我不断学习新的教学理论，用理论指导自己的教学，在教学中实践改进。我看重每次教育教学活动，我把每次活动作为提高自己的契机，充分准备，奋力一搏，因为做好每一次活动都会有不同的收获和提高，让自己对教学产生新的认识和想法。我向同事学习，学习他们切实可行的教学方法、管理策略等。我向教育家学习，学习他们对教育的执着、一事百法的工作策略、匠心独运的教学艺术，从他们身上汲取力量和智慧，领会、借鉴、实践他们的教育理念，不断提高自己的教学能力，品尝教育最大的幸福感和成就感的果实，做一名快乐的人民教师！

“学而不思则罔”，在教学中，我深深懂得思后方知教之法，用不同的钥匙开不同的锁；思后方知教之不足，扬长避短，不断进步；思后方知教之本，能在纷繁复杂的教学实践中发现教育的本质，探触教育的真谛；思后方知教之魂，洗涤教学的灵魂，形成独特的教育思想。

这么多年一直担任着班主任工作，我也经历了管学生—哄学生—帮学生的过程。多年来的实践与沉淀，使我认识到班主任想要实施有效的管理，不仅需要自身人格魅力，以心育心，以德育德，以人格育人格，更需要丰富的实践智慧和方法。

**情暖师生，快乐工作**

每个人都生活在一个集体中，当这个集体充满情感，我们每天就都是舒心愉快的。我和同事的相处之道是懂得合作，共同进步，懂得给予，方得幸福。当同事求助的时候，我会尽可能地伸出援手，不去想我曾历经的艰辛。当我真诚地对待我的学生时，我同样会得到他们真诚的心。他们记得我的生日，会为我准备一个小仪式；他们看到我疲惫的时候，会自觉地做得更好；他们会在我暂别返回时，准备一个欢迎会；他们会一直等着我一起吃他们亲手做的好吃的。有温度的同事关系和师生关系，让我的工作充满快乐。

长期以来我坚守做教师的初心，专心工作，并不断学习，提升个人内在修养和人格境界；立足学生，不断思考，研究育人，努力让自己成为既有“温度”又有“高度”的老师，我勇于探索、大胆创新，不止于眼前的苟且，我向往诗与远方，努力让自己成为一名有情怀的老师。我希望给予学生的不只是知识，更是能影响他们一生的品质和能力。我会一直踏着这样的足迹，在育人的路上前行！

## 理论点评

点评人：张晓龙博士

每个人都是一个能量的释放系统；[1]人终其一生都在建构自己生命能量的释放通道系统——认知与行为，通俗地说就是信念与行动。成长史其实是个体构建释放通道系统过程的外在表现，而教师的成长史即为从事教师职业的个体发展过程中构建与教师职业一致的认知与行为模式的过程，即教师个体形成与教师职业要求一致的信念与行动的过程。

由于当时社会观念以及杨老师的生存环境的原因，杨老师个体能量释放的通道受到了诸多阻碍，使得她只能通过升学、就业来实现自我的释放。

杨老师从小便处在种种负面的人际关系体验中。这些家庭中的失望情绪结合着同辈竞争中的各种行为细节让杨老师至今仍觉得她的“内心深处依然是自卑的”。各种负面的体验使得杨老师在童年阶段将自己生命的能量集中投入在由具身经验构建起来的强烈的信念——“希望自己快点儿长大，自己买喜欢的东西，不用任何人！”

正如阿德勒在《超越自卑》中所言，“自卑感总是会造成紧张，所以争取优越感的补偿动作必然会同时出现”[2]。杨老师童年累积的自卑感最终形成了争取她优越感的补偿动作宣言。

带着这份宣言，杨老师通过对姐姐及其同学升学、就业经历的反思，构建了更加具体化的认知通道——“目标就是努力学习”。杨老师继续通

1 张晓龙：《有效干预 实现差异化教育——中小学教师心理培训探新：“能量—释放通道”理论及技术》，《基础教育课程》2018年第14期，60—65。

2 A.阿德勒：《超越自卑》，刘泗编译，经济日报出版社，1997。

过各种实际行动，将这些争取优越感的动作宣言付诸实践！然而北京信息科技大学延庆分校的英语师资专业的录取通知书让她再次转悲为喜。虽然她也曾萌生出复读的想法，想去城里上学，但在亲友的劝说下，她最终还是接受了命运的安排。

杨老师的学业生涯可以说是一波三折，跌宕起伏，但戏剧化的情节背后一以贯之的是她对自己信念的坚持，对各种生活事件的情绪体验像导航一样引导着她前进，其中有坚持，有妥协，但她追求优越感的目标始终都是导航的终极目的地。最终，她在与姐姐的比较中获得了某种优越感，为这一阶段画上了句号。

成为教师的杨老师仍未消除对教师职业的抗拒。新教师面临的各种适应问题都一一发生在她的身上。这些挑战和困难使得杨老师更坚定了不当教师的决心，即使中间有一次参加招聘会铩羽而归都没能让她回心转意。有趣的是，事情的转折点并不是跳槽的各种挫折，反而是教师工作中的挑战。

杨老师因一颗要强、坚定的内心，而尽自己最大的努力工作着，改变就在她一次次地解决棘手问题的过程中发生了，她开始学习适应教师工作，开始有意识地努力学习专业知识、技能，思考学生行为背后的各种动因，开始记录自己工作的点点滴滴，享受教师别样的小幸福，感受教师职业别样的魅力。

随后杨老师的业务能力开始逐步提升，不断获得认可。其中也可以看到她本身行为模式的特点，她是从自卑的低自我评价状态逐步过渡到了自信的高自我评价状态的。这其中的核心要素恰恰是她以往已经形成的行为模式——不懈努力，踏踏实实做事，多做事少抱怨，甘愿做平凡的小事，把工作干得有条不紊。

阿德勒曾提到，生命的意义及由自卑引发的补偿性的优越感行动目标在生命的早期便已形成。杨老师从出生便产生的各种由于社会文化观念所引发的自卑感，埋下了她独有的追求优越感的动能。这也是社会生态中价值观、习俗等认知行为元素对个体的认知和行为模式的影响和塑造，这些决定了个体自卑感的基调，同时也引发了个体反向追求优越感的行动和信念构建，但这种构建应该保持一定的开放性，即弹性。正如阿德勒所言，“对优越感的追求是极具弹性的，事实上，一个人愈健康、愈接近正常，当他的努力在某一特殊方向受到阻挠时，他愈能另外找寻新的门路”[1]。杨老师从对教师职业的抗拒到接受乃至投入，正是从自卑到追求优越感，以及优越感弹性的非常好的例子。强调这一点是希望更多的由于各种原因即将成为和已经成为教师的同仁们能够去体会自己弹性的“优越感”追求。

此外，杨老师在结婚生子后感慨道：“我有多爱女儿，多希望女儿美好幸福，就知道我的父母有多爱我。”是否可以看作杨老师与父母的和解？

读完杨老师的文章，我看到了一个超越了自卑的人，我看到了一个内心充满强烈向上力量、挣脱了各种限制与控制并最终自我实现的人，我看到了一个最终整合各种冲突、矛盾和信念，充分释放生命能量的个体。

## 学生点评

点评人：姜鹤遥

童年时期的杨金颖没有受到家庭的“偏爱”，所以养成不断进步的、不服输的性格。原生家庭的“遗憾”没有使这个懵懂的孩子性格乖戾，反而使她拥有程猛老师说的“先赋性动力、道德化思维模式以及学校化

1 A.阿德勒：《超越自卑》，刘泗编译，经济日报出版社，1997。

心性品质”。虽然是优势，但也是残忍的。首先，正是因为没有出生在丰裕富足的家庭，才产生向上生长的动力，才激发出她的韧性和美好品格。从高中到大专再到进修，她一直在不断努力；在教学中也从来没有放弃过，“倔强”成长、优秀成绩的背后是她带着伤口走过的路。

其次，对于工作任劳任怨，不计较琐事，总能从琐事中找到幸福和小快乐。当下有一句话“放下助人情结，尊重他人命运”，而作为教师，杨金颖最不缺乏的就是助人情结，她希望通过和学生们共同努力去改变命运。因为，走过的路越崎岖，越认为自己做的这些值得。

最后，不服输、不懈努力并且不张扬的性格也是杨金颖引以为豪的一点。但人不应当感谢苦难，应当感谢自己的“倔强”和坚持。正如加缪在《夏天集》里写的，“在隆冬，我终于知道，我身上有一个不可战胜的夏天”，人要感谢的那个不可战胜的夏天始终在自己身上，而隆冬只是让人意识到了这一点而已。杨金颖老师写下三点总结：第一点，坚守信念，勇往直前；第二点，勤学善思，专心育人；第三点，情暖师生，快乐工作。以第一点为动力，第二点为表现，第三点为成果。从学校向更宽广的世界走来，又走进学校帮助学生们走向更宽广的世界，那个不擅长唱歌的人，最终把自己变成了一首歌。

虽然在成为教师后，杨金颖身上有很多值得我们学习的地方，但是在这里我仍希望她“残忍”地对逆境进行探索，因为教育哲学固然重要，在杨金颖老师身上罕见地存在对终极追求的“拷问”。刘胡权老师在教师专业发展的研究中发现，“早期受教育经历影响教师专业发展的观念和能力”。这不仅造就一种“倔强”的品格，也给出启示，没有人能逃脱出自己的局限。如果希望打破局限，只能选择向上、不断地向上。

最后用一段尼采的诗歌结尾，送给所有上山的、开花的人：“最富有精神的人，前提为，他们是最勇敢的人，也绝对是经历了最痛苦之悲剧的人：不过，他们之所以尊敬生命，正是因为生命以最大的敌意同他们对抗。”

# 切切为师梦　拳拳守师心

北京市延庆区教育科学研究中心
辛计伏

## 一、当老师始于幼年梦想

1968年7月，延庆县北部靳家堡乡的一个小山村里降生了一个普普通通的女孩，在家里排行老三。因为是伏天生的，便排着姐姐这辈的字，取名计伏，这就是我。

从我记事起，听过父母说得最多的话就是：咱家穷，没人瞧得起咱们家。没有亲戚与我家往来，家里的境况也确实贫困，可是我的成长却没有打上家庭贫困的烙印，一直觉得家里是温暖的，生活是美好的，一切都是有希望的！

小时候我最爱去的地方就是村里的小学校，只要没事或者得空，我就会扒在小学校的窗台上看里面的女老师上课，那时候总觉得那个女老师特别好看，特别有本事，也特别厉害！那样一扒就是半天，随着教室里的学生们上课、下课和放学，那时候家里如果找不到我，就去村里的小学校，在那儿就一定能够找得到我，我对学校、对老师的痴迷也许就是我后来选择当老师的一颗种子。

那时候我最喜欢的游戏就是过家家，在游戏中我扮演的角色永远都是老师，学着村里小学女老师的样子，给小伙伴们讲课，小伙伴们坐在下面听得津津有味，看过我们过家家的大人们总是说，这孩子还真是那么回事，长大一定是个当老师的料。不知怎么，那时的我也是这么认为的，觉得自己长大了一定会当老师，也一定要当老师。

就这样，我到了上学的年龄。我们村里的小学只有两间教室，一、二、三年级在大教室上课，四年级在一个小教室上课，给我们上课的那个老师就是我扒在窗台上看了好久的女老师，她姓胡，第一天坐在教室里听她上课，我心里别提多高兴了，她站在讲台上，侃侃而谈，好像全身都在发着光。那时候我就暗暗下定决心，一定要好好学习，长大了也要当一名像胡老师那样的女老师！

## 二、读师范源于少年求学

顺利进入中学后，我初中的语文老师张新华老师再一次给了我坚定的信念和决心。第一堂作文课，我的作文就被当成范文在全班朗读，那时的我特别自豪，暗暗地憧憬着长大了我也要当一名语文老师。但中考的失利给了我不小的打击，面对梦想的破灭，不服输的性格促使我咬牙向父母提出复读的想法，没想到父母很支持我的决定。那时候家庭因为贫困竟然交不上60元的复读费，暑假期间，父亲带着我和弟弟上山摘野山杏，将杏核取出来卖，终于凑够了学费。当我再次回到学校上课时，我遇到了我的班主任耿老师，她给了我学业上的帮助、生活上的关心和就业上的指导，于是我更坚定了当老师的决心。复读那一年，我才真的觉得自己懂事了许多，那一年虽未“头悬梁，锥刺股”，但也是孜孜以求、兢兢业业，使出了自己的“洪荒之力”，再加上耿老师的督促和带领，我中考分数特别高，那个年头599分上哪个中专都行。但在填报志愿的时候，我还是毅然决然地填报了延庆师范。

当年的延庆师范是一所中专学校，是延庆教师的摇篮。因为学校离家很近，又能转户口，所以考上师范就相当于端上了铁饭碗，基本上延庆区学习最好的学生都被延庆师范录取了。那些年延庆师范的生源特别好。进入师范学习后，我不断地充实自己，开始学习教学方法。在师范的那三年，我学会了给学生上课，还学会了识谱唱歌，学会了脚踏风琴，学会了打羽毛球等，我尝试着学习更多东西，时刻准备着做一名光荣的人民教师。

## 三、长本事源于山区支教

三年的师范学校生活转瞬即逝，当我还在憧憬未来的时候，便被分到了延庆边远山区的一所中学任教。

1988年，我从师范毕业被分配到了红旗甸中学任教，虽然是边远山区，但因为我们那一届一共80名毕业生只有5人被分配到中学，我还是非常自豪的。儿时的梦想、少年的坚持、长大后的拼搏都是为了自己的那份初心——当一名老师，当一名语文老师！现在就这么实现了，心里的那分喜悦无以言表。

红旗甸中学在延庆最东北部的深山地区，紧邻河北，条件艰苦，交通不便。每周只有周五中午有一趟进出大山的班车，其余时间都要到离学校20多公里的河口去坐车。那时还是六天工作日，上五天半的课，周六下午要开会，等开完会班车的点也过了，基本上回家的事也就泡汤了。遇上刮风下雨班车就要停运，要是赶上冬天下雪，基本上就是十天半个月都不通车，我们就会困在山里出不来。那时候，我们自己生火取暖，自己抬水，冬天还带着学生去砸过冰窟窿……现在回想起来觉得真是苦，可是当时年轻气盛，也不觉得苦，再加上有那些孩子的陪伴还生出了许多的乐趣。春天孩子们带着我去掰树头菜，夏天我们去地里挖苦菜，秋天孩子们带着我去采蘑菇，冬天我们一起堆雪人打雪仗……我跟孩子们的笑声在山谷里回荡，跟孩子们在一起的那分快乐和幸福更加坚定了我从教的决心。看着这些山里的孩子，我觉得他们需要我，而且也体现了我自己的人生价值。

教学第一年，我又要教语文又要当班主任，由于没有多少工作经验，面对着班里57名学生，我手足无措，自以为尽心尽力，但结果却并不尽如人意，期中考试半个班不及格，我的心一下子慌了。痛定思痛，一名老教师的话也再次点醒了我，他说，教育不是工业，急不得，教育是农业，要有等待之心，一时的失利都是正常的，谁最初当老师也有过这样彷徨的时候，认真找找原因，问题总能解决。我把老教师的话记在了心里，静下心来认真琢磨起来，那时候，自己真的迷茫了，甚至开始怀疑自己是不是选错了职业，自己到底适不适合当老师。静下心来，我发现了自己的问题，照本宣科是我的课堂常态，书本上有什么，教参上有什么，我就讲什么，所以教案单薄，课堂无趣，下了课也没有和学生进行沟通，更没有进行反馈，至于学生是否听懂了，是否学会了，是否喜欢我的教学模式，我一概不知。于是我开始改变自己，我走到学生中去，走进他们的家庭，去家访，去了解他们的父母，去询问他们的爱好，去关注他们的内心，对每个学生都做了分析。我发现孩子们有着极大的优点，那就是性格上的纯朴、善良、热情，对于新生事物充满好奇心；缺点是学习习惯较差，学习动机不明，尤其是上了初中之后中小衔接过渡时很容易出现问题。于是我调整了自己的工作方式和工作节奏，真正把这些山里娃放在了自己的心上，埋头认真研究教材、认真研究学生、认真研究课堂。

在那个年代，学生的练习试卷都是老师手刻的，那时候每个办公室只有一块用来刻卷子的钢板，我们用带有钢针的笔，在蒙着蜡纸的钢板上镌刻，在钢板上刻字真的很费劲，几年下来我都不知道刻了多少张卷子，刻到手指变形。为了巩固知识，加强训练，我到处搜集和编制试卷试题，这样，孩子们逐渐进步和提高了，看到了自己学业上的希望，也有了兴趣和信心。随着写作、练习的增多，我刻制的卷子也越来越多，每日一练、课堂小练，用短小精悍的练习，慢慢提高了学生的学习兴趣和学习热情，在信息和科技并不发达的80年代，我们师生的勤奋和努力成就了彼此。

我带的学生到了初三，中考语文成绩相当不错，满分100分，有学生考到了96.5分的好成绩，有3名学生也选择了延庆师范，后来成了我的同行。那一年学校又让我带了一届初三，这一年我算是轻车熟路，游刃有余，刚刚带完初三，这一届就带得顺手多了，一方面是孩子们也优秀了许多，另一方面是我有上一届带初三的经验，所以这一届带得很顺利，孩子们的中考成绩相当理想，班里的20多名学生，有5名学生考上了延庆师范，我问他们，为什么选择延庆师范？孩子们说："我们要去辛老师毕业的学校上学，长大后要成为像辛老师那样的老师！"听到孩子们的话语，我无比开心，觉得这几年没有白白辛苦，孩子们因为喜欢我而喜欢语文这个学科，也因为喜欢语文课堂而喜欢上了我这个语文老师。他们有了难题问我，有了心事跟我说，有了矛盾让我解决，也许因为这些琐碎的小事，也许因为有趣的课堂，也许因为我这个班主任，孩子们对老师这个职业产生了兴趣，对老师的价值有了肯定，所以他们当中有些人也选择了老师这个职业。

在红旗甸中学工作的4年，是我人生中的重要阶段，在这里我开启了从教生涯的新征程，有了当老师的信心和勇气，也逐渐摸索到了当语文老师的技巧，比如角色朗读法的应用、贯口背诵展演、作文速练等，都是我们平时在语文课堂中慢慢摸索出来的，也是孩子们特别喜欢和特别佩服的环节。山村的淳朴民风让我感受到山里孩子的真诚和纯朴，那几年我们这些年轻教师让几十个学生走出了大山，去到了外面的世界。更可喜的是，十几个学习成绩优秀的学生因为我而选择了教师这个职业。

## 四、因学校安排换角色

在红旗甸中学任教4年后，我向组织提出了调动申请，如愿回到了自己的家乡，回到了自己的母校靳家堡中学（以下简称靳中）任教。那一年是1992年，自己对于教学、对于班主任工作处于成长期，加之年轻，精力充沛，所以在工作中干劲十足。在红旗甸中学任教时取得的经验得到了发挥，教训也得到了避免。还记得刚调入靳中的时候，学校安排我教两个班的语文课，当一个班的班主任，因为有了在红旗甸中学4年的教学经历，一开始我没有先教授课本知识，而是先从学生基本状况入手，针对学生的现状做了调研，看一看学生的喜好、特长和兴趣点，然后针对学生的状况设计每一堂课，于是我的语文课堂进展顺利多了，工作干起来也是虎虎生风，信心十足。快速作文课堂是我和学生们一起开发出来的，也是我和学生的乐趣所在。每周两节的作文课，我们师生一起用一节课时间快速写作文，用一节课时间评判和讲评。那时候我们的作文课就像打仗，与学生一起争分夺秒，向45分钟要效率，向45分钟要质量，我们从来没有那么喜欢过作文课，从来没有那么文思泉涌，我们的作文课堂既是一片词语的海洋，又是一片佳作的海洋，我们都为找到了我们都喜欢的写作方式而欣喜若狂，我们师生都开心极了。作文课堂也变成了欢乐的海洋！孩子们再也不怕写作文了。

1995年7月，我在靳中带的第一届学生毕业了，中考的时候我去监考，心里特别激动，因为我的学生们所在的考场，就是我当年参加中考的考场，时隔10年，这10年中，我从一名考生，变身为一名监考老师，从一名学生，成长为一名人民教师，就像做梦一样。

在靳中工作的12年里，我的教育教学工作从青涩走向成熟。我是一个不服输的人，更是个执着的人，尤其是对学生的依恋之情更是让我对教育充满了热爱。在工作中，我经常这样想：如果我想让学生成为怎样的人，我必须先成为那样的人。我希望他们举止优雅，我也必须非常优雅；我想让他们努力，我自己就必须成为一个努力的人。那时候，我总是最早到校，最晚离校，就是想把养成教育落到实处。要求学生摆车、搞卫生、上早读、礼貌问好。学生们真的特别听话，很快就能熟悉和适应初中生活，在中学的学习也特别顺利。那时候，我自己的孩子还很小，平时家里的活儿由我爱人承担了大半，孩子上3年幼儿园我几乎没有接过一次，直到孩子上小学，爱人也忙了起来，接送孩子的事有时候会落到我身上。为了赶上早读，也为了带学生训练一日常规，我把孩子早早送到她上学的小学，把她的小手放在校门的栅栏上，教给孩子要紧紧抓住，等着上班的老师开了大门就进去，不要跟任何人走，不要和陌生人说话。然后，我就骑着自行车走了，骑出去好远回过头看着女儿小小的身躯站立在校门口，小手紧紧地抓着校门的栅栏，我的眼眶湿润了。

就这样，在靳中教书教了10年，当班主任也是10年，其间我获得了区级八达岭长城杯优秀班主任荣誉称号、市级紫禁杯优秀班主任一等奖的殊荣，所带的班级被评为市级先进班集体，我还率先拿下计算机等级考试合格证书。那时候家里都没有电脑，完全是照着书本去死记硬背。后来，我又成功参评了区级骨干教师。另外，我的多篇论文获得国家级、市级、区级的一、二、三等奖，被评为国家级科研先进个人，积累的素材和成果也越来越多，给我在以后的专业发展中打下了坚实的基础。

2004年5月，我又经历了一次人生转折，我们学校的德育主任调走了，我被学校任命担任学校的德育主任一职，于是，我从一名语文教师、班主任，转岗成为一名德育干部。

刚当德育主任的时候，我突然觉得自己就像新任教师一样，手足无措，好像什么都不会似的。因为跟老师相处远比跟学生相处要难得多、复杂得多，而且方式一点儿也不一样。课堂没有了，学生也没有了，一切都变了，加上我说话语速过快，性子太急，一度还让我和同事之间的关系变得紧张起来。我是一个善于思考、善于反思的人，有缺点也有长处，我的长处就是头脑灵活，手脚利索，思路清晰，笔力不弱，于是我利用自己的这些优势，躬身下去把方案写全、把规划写好、把预案想细、把事情安排妥帖，这样避免了引发争端。慢慢地，我捋顺了与同事之间的关系，工作也渐渐走上了正轨。

当德育干部期间，正赶上靳中与黄白寺中学合并，新校址搬迁10周年，校领导决定庆祝一下，搞个10周年校庆，这个重担落到了我的身上。写方案、设计流程、聘请校友、制作纪念册、策划庆典，整个环节下来，历经了半年时间，我收获颇丰，尤其是聘请校友环节，我的足迹踏遍了延庆各个行业领导的办公室，并惊奇地发现靳中历届毕业生人才济济，各行各业的领导都是靳中毕业的学生，还有好几位校长、副校长都在靳中读过书，从这一点上看，靳中教育成果颇丰。于是我便暗暗发誓，一定要在靳中好好教书，一定要让靳中好的传统在我身上得以延续和传承。

在整个校庆的运作、筹备过程中，我也总被一些事情、一些人感动着。时任人事局局长的王局长、县委办公室的白主任，自始至终支持我们筹办校庆的工作，并表达了他们对家乡、对母校的款款深情和靳中友人的一片赤诚与热切期望。靳中教职员工的通力合作，都是我工作过程中的动力，也使我更加理解了校长办校庆的初衷和目的。在校庆筹办的过程中，我的内心始终涌动着一种亢奋的情愫，那出口的话语、落笔的词语、瞬间的构思、屡改的稿件，都是从我的脑海中如翻涌的潮水一般倾泻而出的，有时连我自己都奇怪：为什么一种力量、一份执着、一片赤诚竟能够让一个人如此痴迷？如此亢奋？如此被吸引？也许这就是我对于教育的一种初心、一种执着、一种坚守！更是我最初选择做教师的那份坚定，以及在我最美好的年华里，为母校、为老师们做了一件让自己感到骄傲的事情，自己也在其中得到锻炼、提升。

校庆如预期的一样，十分成功，轰动了延庆教育界，我也在校庆的筹办与参与过程中迅速成长起来，现在想起来，依然觉得特别自豪和荣幸。

在担任德育主任的这两年里，我一心琢磨学校班主任队伍的培养、学生养成教育的建设，一心想着如何让学校发展与壮大。那时候我们德育处极其热闹，辅导班主任的业务提升、对学生的教育与培养都在德育处，我督促班主任搞科研、钻业务，只要是班主任乐意干事，乐于求教，哪怕论文只有个框架和轮廓，我们就能给你加到300字以上，班主任尝到了科研和实践的甜头，纷纷跟我们一起往前走，那些年我们学校班主任除了荣获区级八达岭长城杯优秀班主任荣誉称号以外，还有班主任获得了北京市紫禁杯优秀班主任荣誉称号。这些荣誉的获得不仅提升了班主任职业生涯的高度，也给老师们评职晋级积累了成果，从而也提升了我这个德育主任在班主任乃至所有教师心里的业务地位，也提高了我本人的人气指数。还记得当时我们德育处被学校老师们戏称为“论文加工厂”，我们就这样一起开启了科研兴校、科研兴班的道路。

我曾经豪情万丈，也曾经萎靡不振；曾经废寝忘食，也曾经彻夜难眠；开心地笑过，也痛苦地哭过。在一次次的欢笑与泪水之中，我终于明白了，这种种的喜怒哀乐，皆源于一种渐渐清晰和明了的对于老师、对于学生、对于我自己的不可推卸的责任。我努力克服自己的随意潇洒，努力在自己身上补充着成熟与稳重，果敢与担当。想一想，以后的日子里，可能不会再时常因为工作的原因或欢笑或兴奋或伤心或沮丧，大喜大悲不可自拔。因为我不教语文课，也不当班主任了，所以没有了“亲”学生。尽管过得充实而有成就感，但没有了学生的朝夕相伴，心里还是失落了许多，但不变的是我对自己坚定的信念和无悔的初心及全心全意、义无反顾的勇气和信心；对自身所肩负的责任的更加明确的态度和勇敢的担当。

## 五、源于组织需要调动工作

屈指算来，我在靳中工作了12年，正好是一个轮回。2004年，市教委机构改革，各区县纷纷成立德育研究室，把德育单提出来设置一个独立学科，涵盖心理、家教等内容，组成了延庆区德育研究室，从下面的学校中抽调德育主任，我有幸作为德育研究室的第一批成员，离开了我的母校、离开了我的学生，又一次开启了我教育生涯的新的征程，迎来了新的挑战！

作为德育研究员，如果我不能给班主任们很好的培训与指导，我会觉得对不住他们！于是，17年来，我进校讲座几百次，进行班集体建设策略、班主任工作技能技巧、德育活动课探索、班主任资料积累收集的培训和指导，专题讲稿积累了30多篇。组织召开了16届班集体建设和班主任工作经验交流会，培养和指导了一大批具有创新能力和实践经验的班主任教师，主抓的“德育活动课”在全县中学的500多个班级展开改革和试验，取得了空前的成功和实效，班会的形式与内容、手段与方法有了质的突破和飞跃，由此改写了延庆县德育活动课的历史，得到了广大班主任和学生的喜爱和认可。先后有近百名班主任的德育活动课案例、课堂设计、论文获市级乃至国家级奖励，班主任们学会并掌握了利用德育活动课这种新的教育形式进行学生管理、班集体建设、班主任工作，使我县的德育工作上了一个新的台阶，《延庆县德育活动课的探索与研究》项目也获得北京市第二次德育大会德育成果提名奖。德育活动课的项目研究走在了北京市乃至全国的前列。在班主任培训过程中，我一直关注正在从事班主任工作、有意从事班主任工作、有兴趣研究和探索班主任工作的同仁们，从他们工作的情境性、复杂性和不可预见性的角度，引领班主任工作向专业性、实践性、艺术性方面发展，倾尽自己所能，注入智慧含量，提高班主任队伍培训质量。

如今，在班主任培训的形式和手段上，我又进行了新的改革和尝试，开发了网上研修的形式和平台，借助“延庆县教师研修网”这一网络载体开展网络教研，积极建设和丰富自己的个人工作室和协作组。当年，协作组成员有600多人，是当时延庆县人数最多、容量最大的协作组，在最热协作组排名中位居第一，被延庆县信息技术部评为“最受关注的协作组”；个人工作室在最热协作组排名第二，被评为“最具特色的个人工作室”。每天都有班主任点击下载，几天不更新，就会有班主任给我留言：“辛老师，好几天没看见您的新作了，好期待哟！”带着班主任们出去学习、考察，自己就带头写反思、写随笔，并连载成系列进行上传，如《西安之行记事》系列9篇、《盘锦之行记事》系列9篇、《南京之行记事》系列9篇等，如今，我已积累了130多篇几十万字的工作室日志。我的网络培训开辟了延庆县班主任网络教研的先河，也带动和影响了一大批优秀的班主任进行工作室的建设。

2010年10月，受教委德育科指派，我带领2010年的八达岭长城杯优秀班主任学员赴辽宁盘锦魏书生的学校，参加全国第十九届中小学班集体建设理论研讨会，收获颇丰。延庆二中的田成清老师获得由全国特级教师、优秀班主任李镇西命名的“全国班主任心灵写诗金笔奖”，目前全国只有14个人获得此项奖励；延庆三中的王俊芳参加了大会主题演讲，获得了一等奖，并夺得由当代教育家魏书生命名的“书生杯”全国优秀教师演讲大赛的奖项；延庆八中的马晓辉被评为“全国班集体建设特别有成效的班主任”。田成清老师的“心灵写诗金笔奖”的获得，特别辛苦和艰难，这个奖项对班主任提供的文字资料相当挑剔，必须是跟班主任工作、班集体建设、学生教育息息相关的文字才能被认可，田老师是一个善于笔耕的勤劳的老师，她把自己所有的精力都奉献给了学生和自己的语文课堂，她积累了大量的教育随笔、教育案例、教育感悟和教育经验，加起来超过50万字，那时候她还没有信心，我鼓励她要静下心来干自己喜欢干的事情，不要被外界干扰。我俩大干了几个通宵，把她所有的文字进行了归类和梳理，编写了目录，形成了框架，最终我们向大会组委会提供了40万字的文字材料。成稿那天晚上我们弄到了深夜，完工的时候我俩都特别激动，相拥而泣，相互鼓励。最终大会组委会在我们提供的40万字的文字材料中，认定有效字数19万字，田成清老师获评014号“全国班主任心灵写诗金笔奖”。当时由于一些原因，田老师未能与我达成盘锦之行，当我把这个激动人心的消息告诉田老师的时候，田老师简直不敢相信自己的耳朵，反复问了好几遍进行求证，当确认之后，田老师在电话的另一边泣不成声。这份殊荣的价值和不易只有我俩懂得，我作为班主任教研员为她感到莫大的荣幸和自豪。这些班主任的个人成长之路、专业发展之路的每一步都有我的紧紧相伴，他们取得的这些成绩既是他们个人的辉煌纪录，也是我们延庆区班主任队伍建设的成果，这些荣誉激励着一线的班主任执着前行，也鼓舞着我不断地把我们延庆班主任队伍建设向专业化建设的进程推进。

当我从主抓这支队伍的研究员，转变为一名班主任队伍的培训者时，我从心里感到自豪与欣慰，在研讨会主会场，“延庆”两个字响起了好几次，延庆的班主任上台领奖好几次，我在台下拼命鼓掌。延庆真好！延庆的班主任真棒！延庆的教师真有魅力！

就这样我开启了教师生涯的教研之旅，做着替人作嫁衣的工作，默默地站在班主任身后，双手托举着班主任成长。当时德育教研工作还处于摸索阶段，很多时候我都处于惶恐和不安之中，不知道怎么干才好。5年之后我才找到了感觉，才觉得有了点儿自信。现在回顾17年的教研员工作，回顾自己所走的道路，回顾自己所做的努力，突然觉得自己特别适合这份工作……

十几年来，我伴随着几百名一线的中学班主任成长、成熟、成才，亲自辅导的16名中小学班主任获得北京市紫禁杯优秀班主任特等奖，要知道全市中学每年只评10名，而我们延庆几乎年年榜上有名，带领的班主任参加北京市基本功大赛，连年取得优异成绩，单项奖获得全市第一。这其中既有长久坚持在一线的年过半百的岳永梅老师，也有新进涌现出的班主任的新生力量，像康庄中学的刘芳老师，张山营学校的祁燕老师，一中的王新越老师、申雅君老师、孙行可老师，还有初任班主任的优秀代表李倩玉老师、韩莉媛老师，他们都是从初一带到初三的新任班主任，他们都是延庆班主任队伍的宝贵财富，也是我们重点培养的对象，假以时日，他们将成为延庆班主任队伍的中坚力量，也将成为延庆教育战线的璀璨明星，而我永远是那个站在他们背后默默托举、默默守望、默默点赞的一名德育教研员。

为了树立典型，我带着班主任梳理他们的带班育人经验，先后给潘淑文老师、王献春老师、岳永梅老师、马晓辉老师、王俊芳老师召开了班主任工作思想研讨会，每两年为班主任设置一个专场，搭设一个平台，让这些班主任把自己带班育人的举措、规划、思想梳理出来，成为众多班主任学习的榜样，使我们延庆拥有了一批经验丰富、理论扎实、踏实钻研的班主任典型，也为我们教委培养和增加了人才储备，为延庆班主任队伍建设积累了宝贵的财富，也总结归纳了这些优秀的班主任的工作经验，同时，这也成为他们成长道路上的里程碑。这些一线班主任的成长、成就，使我也看到了自己存在的价值。

长期以来我一贯抱着积极乐观的生活态度和工作态度，经常挂在嘴边的一句话是："不要总是抱怨生活欠了你什么，生活认得你是谁？"今天，在前行的路途中得以小憩，梳理自己走过的一段岁月，真的很快乐。在德育研究的道路上我付出了自己的智慧和汗水，收获了一份份充盈在心间沉甸甸的情感，为了那些执着、勤奋、坚毅、奉献的一线班主任，我将会用加倍的努力去追求，去进取，增加自己的专业知识、提高自己的智慧含量、提高自己的魅力指数，在平凡的教研员岗位上，为做专业、智慧、魅力的德育工作者，迎难而上，求索不止。

现如今，我已经年过半百，在教育教学岗位上坚守了整整33年，曾经为了自己的学生青丝变白发，也曾经为了一线的班主任心力交瘁，自己成熟了，班主任们成长了，学生们受益了，延庆的班主任队伍建设有了希望和成绩。我从未后悔自己选择了老师这个行业，从未后悔担当站在人后甘为人梯的角色。在德育教研员的岗位上，为了那些一线的班主任，为了给他们更好的指导，我鼓励自己通观全局，登得上"高台"，我激励自己专业引领，站得稳"讲台"，我刻励自己交流共享，搭得起"平台"，我训励自己，规范公正，把得牢"擂台"，我策励自己，助师成功，耐得住"后台"，"五台"一直在我心里扎根，也时刻与班主任们一起砥砺前行。只要能站在讲台上，只要能与教育同行，只要能不改初衷，就是我毕生最幸福的事情和最幸福的坚守。

## 理论点评

点评人：康晓伟教授

顾明远教授结合他从事教育工作70多年的经验，总结出四个教育信条：没有爱就没有教育，没有兴趣就没有学习，教书育人在细微处，学生成长在活动中。我想这样总结辛计伏老师的成长经历是再恰当不过的了。不管是当初选择师范遵从自己的初心，还是走上工作岗位后从教书育人过程中获得的满满成就感，乃至在工作中遇到的不如意甚至曲折经历，这些都没有阻止辛计伏老师的教育追求，辛计伏老师之所以能够在工作岗位上做到最好的自己，最核心的原因是当教师、教书育人是她的兴趣与热爱。

辛计伏老师在她的成长历程中，一直把当老师作为自己的目标，并且历经艰难实现了这个目标。

辛计伏老师对于当老师的兴趣和热爱，使她逐渐成为最好的自己。实际上，很多行业精英都是把兴趣与热爱作为自己的选择，这为他们做出杰出的成就奠定了基础，比如金生鈜教授从教师的道德角度讲述了什么是好的教师，他提出了教师的专业德行包括：教育机智，教育热忱，敏锐，教育幽默，简明清晰，深刻，创造等。[1]教育热忱是优秀教师的重要专业德行。

拥有兴趣与热爱是自己的教育使命使然，辛计伏老师的成长经历与她的兴趣和热爱是密切相关的，这包括家庭的熏陶，通过考上师范实现"农转非"的身份转型从而改变命运，在从教中看到学生成长所获得的成

1 金生鈜：《何为好教师？——论教师的道德》，《中国教师》2008年第1期，18—22。

就感等；也包括服从组织安排、在本职岗位上兢兢业业，即使条件艰苦仍然敬业乐群，这包括在面临工作岗位调整时积极面对，通过自己的业务学习完成组织交给的任务，还有她工作30多年对延庆教育工作做出自身贡献的自豪感。总之，辛计伏老师用行动诠释了当初她的正确选择，是知行合一的践行者，也是一位优秀教师完满教育生活的生动写照。

## 学生点评

点评人：曹旭

读完辛计伏老师的文章，我感触颇深。辛计伏老师的这篇文章用最真实的话语记叙了这几十年来的教师之路。我仿佛已经身临其境，感受到当时的场景。辛老师写的是她的教师成长之路，我也从中看到了她的人生发展历程。我认为这就是好的教育叙事，以自身为例是最具有说服力的。从文章题目上来看，通过“切切”“拳拳”这两个词就能够充分感受到辛老师对于教师这份职业的热爱、钟爱和深爱。“切切”表示对于教师的这份真诚恳切的心意。“拳拳”表示了对教师职业的坚定。从一开始作为学生对“教师梦”的追寻到最后作为教师对于教育的坚守，令人感动。

辛老师在小学时深受胡老师的影响，从小立志当老师，长大成为老师后，她通过自身努力，快速成长，最终成为一名合格的教师。通过阅读辛老师的个人经历，我感到非常惭愧。其实，一直以来我把教师这个职业想得过于简单，或者说是过于狭隘，认为教师的主要目的就是把学生教会，不管什么学科，只要能够达到学科的核心素养就是成功，就实现了立德树人的根本任务了。但其实不是，尤其是对于班主任而言更非如此。教育是要通过教授知识来使学生成长，“育”字是最终的落脚点也是最关键的。怎么“育”，通过什么途径“育”一直都是需要研究的问题。国家教育的人、培养的人绝不仅仅是一个没有人情的“机器”，能力固然重要，但更为重要的是学会如何做人。

辛老师最后的这段话令我非常喜爱:“我鼓励自己通观全局，登得上‘高台’，我激励自己专业引领，站得稳‘讲台’，我刻励自己交流共享，搭得起‘平台’，我训励自己规范公正，把得牢‘擂台’，我策励自己助师成功，耐得住‘后台’。”我将这段话理解为作为教师，要从多方面提升自己，把教师作为一个事业而不是简单的职业来看待。文章中的辛老师将教育看作比自己生命更重要的一件事，甚至是把教育、教师作为一种信仰。只有这样才能够做到真正意义上的好老师，真正意义上的真老师。我结合自身的专业，也有着诸多思考。要尽可能地去完美演绎并创作出更加具有生命力的音乐，诠释中国力量。以声感人，以情动人。以音乐为载体表达对党、国家、人民的热爱。同时运用自身所学去弘扬、教授中国的音乐文化，在整个过程中感受音乐中所蕴含的精神，积极地去引导人民。增强我国的文化软实力，坚持创造性转化、创新性发展，不断铸就中华文化新辉煌。